JN029916

髙《たか》瀬《せ》敦《あつ》也《や》

企画《きかく》

CREATIVE DECISIONS

「いい企画」
なんて
存在しない

ATSUYA TAKASE

CROSSMEDIA PUBLISHING

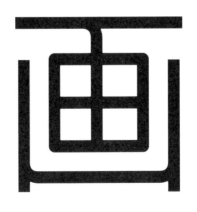

企画とは
「決めること」
である。

はじめに

「うちも面白いことやんなきゃいけないと思うんだよ。何かいい企画ないかなぁ。何かこうパッと新しくてさ、みんながワーッと注目して、売上がグッと上がるようなな、いい企画を考えてよ。」

こんな風に、上司やクライアントから無茶振りされたことはありませんか。企画を考えて、と言われたから「まずは企画書を書かねば」と、パソコンを開くものの何も思い付かない。何とか書いた企画書を提出すると「うーん、いやー、悪くないんだけどさー、なんていうかさー、こういうんじゃないんだよなぁ」と却下されてしまう。「なんだそれ」と心の中でツッコミつつ、こんなやりとりを繰り返していく。そのうちにもう何も思い付かなくなってしまった。こんな経験をした人は多いのではないでしょうか。

そもそも、「企画」という言葉にどのようなイメージがあるでしょうか。就活生の方だと、「何となく楽しそうな仕事」というイメージを持っていて、「企画職」を志望している人もいるかもしれません。また、「企画」と名のつく仕事に就いたものの、言葉のイメージとはほど遠い現実に失望したり、企画することに苦手意識を抱いてしまった方もいるでしょう。先ほどの例のように、上司やクライアントから指示されたとき、少しハードルが高くて面倒くさい作業だと感じるようになっているかもしれません。

拙著『人がうごく コンテンツのつくり方』の出版後、「コンテンツをつくる以前に、そもそもどんなコンテンツにするか、企画が思い付かないんだよ。どうしたら企画力をつけられるか教えてほしいんだよね」と言われることが増えました。他にも「センスのある企画はどうしたら思い付くのか？」といった質問や「いい企画を出しているはずなのに、ぜんぜん通らない」といった悩みなど、「企画」について知りたいという声をいただくことがあります。

詳しく話を聞いていくと、相談をしてくださる方と私とでは、「企画」についての認識が違うということに気づきました。彼らは共通して、企画とはいわゆる「いい企画を思い付くこと」だと思っていて「自分にはそういった先天的な才能がない」と考えていました。

私は企画とは、「決めること」だと思っています。厳密にいえば、「何かを実現するまでの過程で決まった結果」に過ぎないと考えています。ですから、企画には「先天的なセンス」も「神がかったひらめき」も必要ありません。「決める」だけで、企画になります。

「企画」ということを改めて考えてみようと、企画について書かれた本やブログを読み漁りましたが「アイデアを生むコツ」が書かれているものが大半で、「企画＝アイデア」でした。私は「アイデア自体には価値がない」と考えています。アイデアは世界中で毎日生まれています。そしてそのほとんどは誰にも認識されることなく消えていきます。認識されなかったアイデアはこの世になかったのと同じです。アイデアは「世に現れたときに価値を生むもの」で「可視化された価値が企画」です。「企画すること」はどんな人でもできます。企画とは「人生そのもの」だからです。このような言い方だと「急にどうしたんだ？」と感じてしまいますよね（笑）。大げさに聞こえるかもしれませんが、「生きる」ということは、大小さまざまな選択から「決めること」の連続です。決めることで「結果」がありますし、決めないと失敗することすらできません。決めることで企画として可視化され、価値を生み、人生は豊かになります。

ちょっと意味が分からないですよね。私もこの本を書いていくうちに、この結論にたどり着いたので、クイズの答え合わせような感覚で読み進めていただければ有難いです。

今、日本では「企画する人」が極端に足りていないようです。周りの経営者の方々は「今、欲しい人材は企画して実行する人」だと口を揃えて言います。「企画する人」が優秀なわけでもないですし特別なわけでもありません。単純に不足しているのです。みんなが欲しがっている「企画できる人」にも簡単になることができます。

本書では、企画という概念の整理から、ビジネスにおいて企画をするうえで必要な考え方、そして企画をするためのテクニックや思考法まで、幅広くカバーしたつもりです。「たくさんの方に読んでもらいたい」という下心もありますが、様々な立場やフェーズから考えることで解像度が上がり「企画者」としての力が備わると思います。

また、「分かりやすく読みやすく」を意識しましたので、「企画」について造詣の深い方には退屈なところもあるかもしれませんが、あたらめて「言語化されたものをインストールし直す」のもいいものだと思いますので、お付き合いいただければ幸いです。

私は「企画」という本を書くということを「企画」しました。

本書が、人生をより豊かにする一助となれば幸いです。

目次

contents

第1章 生まれる企画

第2章 人と企画

第3章 伝わる企画

目次

contents

第4章 進む企画

第5章 企画を受け取る

第6章 企画力の正体

序章

企画とは何か

chapter 0

What is Planning ?

企画を再定義する

そもそも、企画とは何なのでしょうか。辞書では「あることを行うために計画を立てること。また、その計画」（『明鏡国語辞典』第二版）と書かれています。一般的に「企画」という単語が使われる場面は、コンテンツ企画・商品企画・経営企画など、業界や会社によって多岐にわたり、それぞれ「企画」の意味合いも大きく変わってきます。それだけ、企画という言葉が抽象的で便利な言葉だということでしょう。

しかし私は、企画とは「何かを実行するために必要な事を決めること」だと考えています。「企画＝決めること」だなんて意味が分からない、という方のために、「はじめに」で挙げた例で、もう一度考えてみます。

上司に「何でもいいから新しい企画を出せ」と言われた会社員を仮にショウコさんとします。オヨヨプランニング社・営業企画部に所属する入社3年目の25歳です。

特技は文章を書くこと。好きな食べ物はインドカレーです。

ショウコさんが最初にすべきことは何でしょうか。それは、最終的な目的を「決める」ことです。

たとえば、「優秀な社員を採用するために自社のイメージアップをしたい」場合と、「伸びそうで伸びない新商品の売上を上げたい」場合では、目指すべき方向はぜんぜん違いますよね。今回の例では、「新商品の売上を上げる」ことを目的とします。次に、予算を決めます。3億円あれば有名タレントを起用したテレビCMを放映する案も候補に挙げることができますが、0円の場合はSNSなどの無料のツールを使うしかありません。予算が決まったら、その企画によって「誰のどんなリアクションを期待するか」を考えます。丸の内で働く20代の女性に「これ、すごくオシャレ！」と思ってもらいたいのか。それとも、40代の主婦に「なんだか便利そうだな」と思ってもらいたいのか。

「何でもいいから企画を考えて」という状態では、何から手をつけていいか分からないと思います。ですが、「丸の内で働く20代の女性に、自社商品を『すごくオシャレ』と感じて買ってもらうためのオンラインイベントを、予算100万円以内で行う」というところまで決まっていれば、「20代女性に人気のインフルエンサーを調べてみよう」とか「職場にいる20代の女性にオンラインイベントに参加したことがあるか話を聞いてみよう」など、次に何をするべきか見えてきます。

さらに「この企画と相性がよさそうなインフルエンサーはインスタグラマーのマサヨさんかモモコさんかナオミさんだが、予算内で起用できるのはマサヨさんだな」というように、実際に「決めて」いくと、どんどん新たな選択肢が見えてきます。

企画がない状態とは、逆に「可能性が無限にある状態」ともいえます。選択肢があり過ぎると、何をすればいいのか分からなくなってしまいます。ものごとを決めていくことで、無限にある可能性がひとつずつ断たれていき、おのずと進むべき道筋があらわになるのです。道筋さえ決まれば実現に向けて進みやすくなります。これが、私が「企画とは決めること」だと考える理由です。

今回のケースでは一般的には決定権は上司にあるでしょうから、ショウコさんは上司に「決めて」もらう必要がありますが、企画者はショウコさんですから「ショウコさんが決める」ということと同じです。ショウコさんが上司に決めてもらって、

選択肢を狭め、企画の道筋を見つける

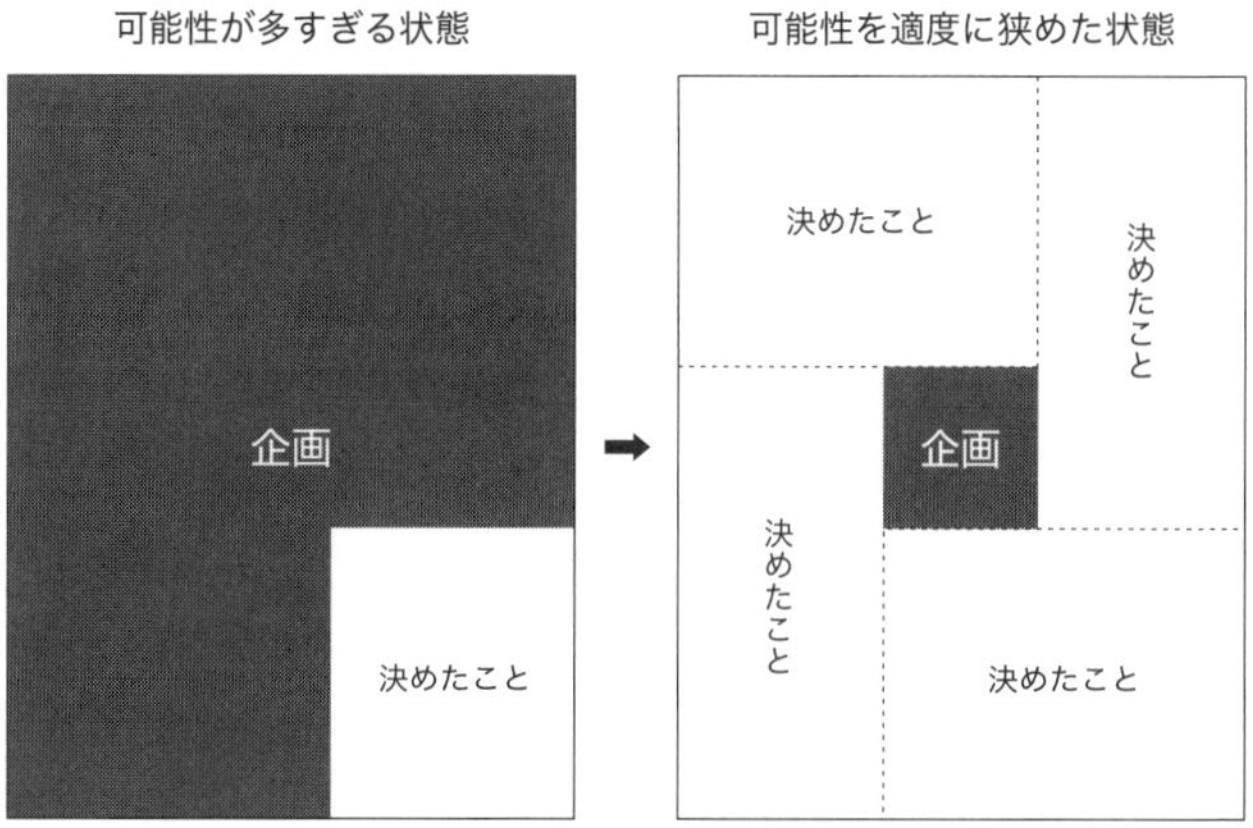

企画の選択肢を少なくして道筋を見つけていきます。

もちろん一度決めたことでも、「違うな」と分かれば、後でどんどん覆します。「それって決めてないじゃん」と思われる方や、決定を覆すことにネガティブな印象を持つ方もいるかもしれませんが、そうではありません。その道が違うということは、道筋を浮かびあがらせて進んでみたからこそ分かります。むしろ、「この道は違う」と早い段階で分かることは、企画が最終的に成功する確率を上げるという意味で良いことです。一度「決めて」進ま

ないと「間違っている」ことにいつまでも気づけずに完結してしまいます。

企画＝「アイデア」という誤解

「企画」とは「天から与えられた感性でセンスのあるアイデアを思い付くこと」というイメージを持つ人は多いです。そして「企画業は良いアイデアを思い付くことが仕事だ」と考えている人もいます。

こうした企画に関する誤解は、１９８０年代のコピーライターブームで注目された企画業のパブリックイメージが元になっていると考えられます。確かに当時は、斬新なアイデアを出すことを生業とし、それが「企画」だと考えられていたことは事実です。しかし、当時と現代では社会の状況は異なり、「企画」をとりまく事情も大きく変わっています。

当時はＳＮＳやスマホはおろか、パソコンすら個人には普及していない時代です。つまり、現代のように誰もが簡単に発信できる時代ではありません。そのため、「企画する」という行為は、マスコミなど特定の業種・職種に就いている人だけが行うものだと認識されていました。企画を発信できない多くの生活者と、企画を発信する少数の企画業の人の間には大きな隔たりがありました。それゆえ、企画業の目新しいアイデアの部分ばかりが注目され、「企画はアイデアがすべて」なのだという誤解が生じたのではないかと考えています。

一方で現代は企画を発信する場所も、企画する人も増えて競争が激しくなっています。1億総クリエイター時代と言われ、インターネットを中心に誰もが企画を発信することができるようになりました。考えたことはどんどん実行し、その中で「小さくても成果を出した人が生き残っていく」という構図です。ですから「私はアイデアしか出しません」という姿勢でいると、いつまで経ってもチャンスをつかめず、生き残りが難しくなってしまいます。アイデアマンといえば広告会社のＣＭプランナーや、放送業界の放送作家をイメージされる方も多いと思いますが、私が仕事でご一緒した優秀なアイデアマンは、アイデアを出すだけでなく、ディレクションやプロデュース的な働きをし、アウトプット後まで並走します。そうではない人はどんどん淘汰されてきています。

「いい企画」なんて存在しない

「いい企画が思い付かない」と悩む人が多くいますが、そもそも「いい企画」というものは幻想に過ぎません。一般的に、人々が「いい企画」と口にするときは、「高確率で当たりそうな企画」や「絶対にバズりそうな企画」のことを指していると思います。確かに、そんな企画があれば誰だって「いい企画だ」と飛びつきたくなります。

しかし、実際は企画の「当たる確率」と「バズるエネルギー」はトレードオフの関係にあります。なぜなら、「バズる」という現象は、企画の尖った部分が「人の狭くて深い感情にブッスリとハマる」ことにより生まれるものだからです。企画を尖らせれば尖らせるほど、感情の深い部分をズブッと刺すことができるので、そこから生まれる熱量も大きくなります。

一方で、尖っている部分は特殊なカタチですから、そのカタチにカチッとハマる人は少ないので、結果として誰の感情にも刺さらないリスクも併せ持っています。当たる確率を高めようとする行為は、企画の尖った部分を丸くして、より多くの人に「嫌われなく」することです。これを「企画が丸くなる」と言います。自分の好みに合わない「尖った部分」は邪魔ですよね。丸い企画は多くの人に受け入れられる確率は高まりますが、感情の深い部分に刺さることはなくなってしまいます。

さらにいうと、企画は実際に世に出してみるまで、当たるかどうかは分かりません。外れる確率を下げることはできますが、100発100中で企画を当てる方法はありません。もし、そんなことができるなら、私も今すぐ全財産を換金して、あらゆることを担保に借金をして、リスクヘッジなしで大儲けするでしょう。

バズる企画と当たる企画

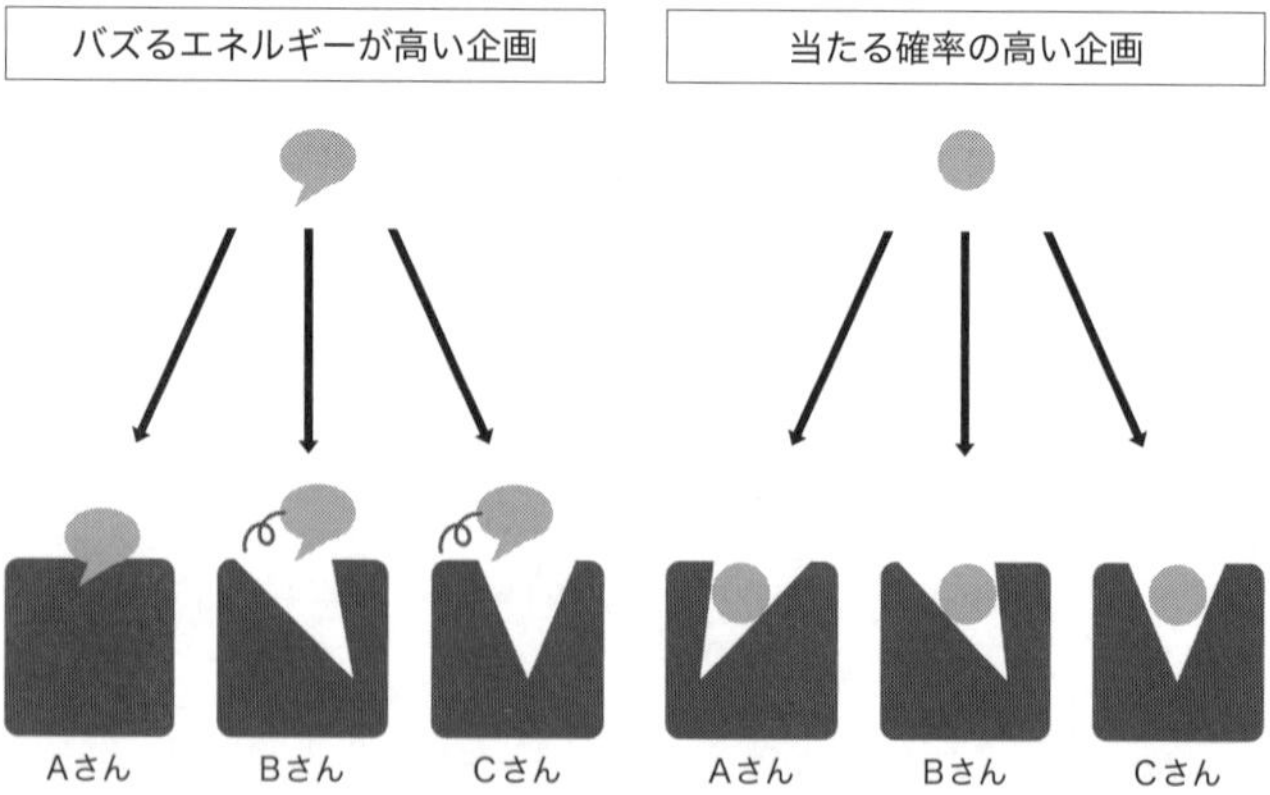

当たる企画を生むためには「いい企画ができない」と思い悩むのではなく、ひとつでも多く企画を世に出すことが大事です。尖った企画をたくさん出して、どれかひとつがズブッと突き刺さる人と出会う確率を上げていきます。ひとつの企画が誰かに刺さって、それが拡散されたとき、結果としてその企画が「いい企画」と評価されるようになるのです。最初から「いい企画」はありません。

だらだら休日が企画

「企画ができない」と考えてしまう人は、そもそも企画を特別視し過ぎているような気がします。企画とは、新事業開発やコンテンツ制作のためだけにするものではありません。企画はもっと日常的で、どこでも誰でもしています。何か「決めた」ことに対して、誰かのリアクションが生まれた時点で、それは「企画」と呼べるのです。

たとえば、営業企画部員のショウコさんが、いつも一緒にランチをする同じ部のコウスケ先輩に「今日はいつもの中華、『尚ちゃん飯店』じゃなくて、ちょっと足を延ばして新しくできたインドカレー屋さんに行きませんか」と提案したとします。ラーメン好きのコウスケ先輩でしたが「お、たまにはいいね」とリアクションしたとします。これはショウコさんの立派な企画といえます。こう考えると今日のランチも、明日の飲み会も、来月の旅行も、あらゆるものが企画になり得ます。

たとえば丸1日、休日があったとします。その日を充実させるためにはまず、「最近ラーメンとかカレーとか炭水化物だらけだったから、明日は久々にジムに行こう」とか「料理好きインスタグラマーのマサヨさんが薦めてたカフェでお茶して、キラキラインスタグラマーモモコさんがステマっぽく薦めてたネイル店に行こう」など、何をして過ごすか決めますよね。企画とは「決めること」ですから、これも立派な企画です。

でも、休みの日は疲れているから何もしたくないですよね。「決めること」とは「何かすること」ではありません。「明日は何もせずダラダラする日」と決めてしまえば、企画になります。「何も決めずにダラダラして気がつけば夕方」という1日と、「今日はおもいっきり1日ダラダラするぞ」と決めてダラダラした日を比較すると、後者の方が自己肯定感もありそうですよね。もし、何も決めずに1日を過ごしてしまうと、休日の目的が曖昧になり、「最近運動不足だったしジムくらい行っておけばよかった」とか「ネイルが剥げていたし近所のサロンでも行っておけばよかった」など消化不良な気分になってしまうでしょう。

つまり、企画することは、充実した日常を過ごすためのライフハックでもあるのです。

「企画」とは人生そのもの

ランチや旅行が企画になるなら、職業や生き方の選択もまた、企画だといえます。「会社帰りに居酒屋で上司の愚痴を言う」ということは会社員の人なら誰にでもありますよね。コロナ禍で飲み会が自粛される中でも、Twitterなどは会社や上司の愚痴で溢れかえっています。組織で働く以上、ある程度の理不尽は付き物ですが、愚痴を言っている時はどのような気持ちになっているでしょうか。何となく周りに合わせて就活をして、何となく内定が出た会社で、特にやりたいわけでもない仕事をしているという人は、「こんなはずじゃなかったのに」とか「もっと違う選択肢もあるんじゃないか」とモヤモヤし続け、愚痴を言ってもどこかスッキリしないと思います。

「何となく仕事をしている」という人は一度、仕事についてのスタンスを「決めて」みてください。「めんどくさい上司を我慢しながらでも、自分はサラリーマンとして生きていくんだ」と決めてしまえば、同じように愚痴をいう瞬間も「何かサラリーマンっぽいぞ！」と少しだけ楽しくなると思います。私は会社員時代、ほぼ毎日お酒を飲みながら愚痴っていましたが、そんな自分が滑稽に感じられてきました。そこで「上司の悪口は酒の肴」だから「旨い肴を集めるために嫌な気持ちになろう」と決めました。それ以来「なんてサラリーマンっぽいんだ」と自分の愚痴モードを楽しんでいました。これに付き合わされていた後輩や仕事仲間はたまったもんじゃなかったと思います。ごめんなさい。

ともかく、自分で「決めた」ことに関してはストレスを感じ難くなります。これは自分で責任が持てるようになるからです。何となく受け流されて降り掛かった理不尽にはムカつくし我慢できませんが、自分にも責任があると能動的に捉えれば気力が湧いてくるような気がしませんか。

心理学の研究では、人間は自分自身や周囲をコントロールできているかどうかという「自己コントロール感」が強いほどストレス耐性や幸福度が高まると言われています。つまり、たとえ同じ状況でも「自分で決めたかどうか」「企画したかどうか」によって、幸福度は大きく変わるということです。

企画とは人生そのものです。無限の可能性をそのままにしておけば何も実現しないまま時間が過ぎていきますが、ひとつずつ決めて可能性を断ち切っていくことで、豊かな人生を送ることができるのです。

決めることが価値を持つ時代

なぜ「決めること」を人生に照らし合わせた話をしてきたかと言うと、これからの時代は「決める」という行為が価値を持つようになるからです。これはＡＩの進化と人間の役割の話です。ＡＩは人の生活に必要不可欠になりつつあります。人の生活を効率的にし、面倒な部分を次々に解決してくれるでしょう。技術はいつの時代も、人間の「面倒くさい」を解消する方向に進化していきます。

ＡＩは、人が生きていくうえで「これをした方がいいよ」「この時期がいいかもね」「こんな可能性もあるよね」といろんなことを薦めてくれます。ＥＣサイトのレコメンド機能を思い浮かべてもらえば分かりますが、たくさんのデータからユーザーが結果的に満足できそうな選択肢を提示してくれます。いずれは、日常の些細な選択もＡＩが提案するようになるでしょう。しかしＡＩは決めません。決めるのは人間です。いくらＡＩが選択肢を提示したとしても、決定権は人間にあります。「Ａの選択肢」を選べば99％成功すると提示されても、成功確率１％だけど「楽しそう」だと感じた「Ｂの選択肢」を選ぶこともできるのです。

アイデアはゼロから生まれているわけではありません。これまで世の中にあったコトやモノの組み合わせによって生まれます。ということは「企画」も近い将来、あらゆることをビッグデータとして、ＡＩがいくらでもつくることができるようになります。そうすると「企画の価値」は、当たる確率如何に関わらず「人間が決めた」という事実から生じることになるでしょう。

企画とは「決めること」とお話ししました。そして、「人生のあらゆることは企画でできている」ともお話ししました。「どちらの服を来ていこうか」とか「ランチを何にしようか」など、こうした日常のあらゆる選択をすべて「責任を持って決めること」、そのこと自体に価値が生まれます。

制約が企画を生む

企画は「決めることで選択肢を少なくすることができる」というお話をしました。これと同じ理屈なのですが、最初から「決まっていること」でも企画は成り立ちやすくなります。シンプルに言えば、企画を考える前提条件です。「予算は300万円で」「納期は4カ月以内で」「60分以内の尺で」などのような条件をもとに企画を考えるシーンはよくあると思います。このような前提条件は企画の自由度を奪うかのように感じられることも多いですよね。「あと100万円あったらこんなことできるのにな」「あと1カ月あればあんなこともできるのにな」「あんな夢こんな夢いっぱいあるけど」と私もよく思うことがあります。しかし、こうした制約があるからこそ当たった企画は数多くあります。『ブレア・ウィッチ・プロジェクト』『カメラを止めるな!』など低予算であるがゆえに当たった映画やコンテンツのエピソードはよく耳にすると思います。CMは15秒や30秒だからCMとして認識されますし、俳句も十七音や季語という制約によって文化になりました。

もっと言えば「まったく制約のない企画は存在しない」と言っても過言ではありません。企画を考えるうえで、制約はむしろポジティブなものです。

近年では「コンプライアンスに気をつけて」と言われることも多いですよね。元々は法令順守という意味ですが、雑に言えば「トラブル起きないようにしてね。クレームがこないようにやってね」というニュアンスがほとんどかと思います。一部のクリエイターには「コンプライアンスを気にするあまり面白い企画ができなくなった」という人がいますし、ユーザーの感想でも「最近はコンプライアンスを気にし過ぎててつまんなくなったよね」なんてコメントをよく見るようになりました。しかしコンプライアンスも制約です。制約を理由に企画できないのはただの言い訳ですし、そもそも企画というものを理解できていないということになります。

私はゲーム企画（ソーシャルゲームやPCゲームのことではなく広義の「ゲーム」）を考えることが好きなのですが、今進めている企画は「触ると失格」というゲームです。これはコロナ禍を受けて考えたことで、ソーシャルディスタンスを逆手に取った企画です。昔から存在するゲームはともかく、これから創るゲームでボディコンタクトが激しい企画は流行り難いでしょう。いずれにせよ前提として「決まっている」制約も企画を考える種になります。

企画とマネタイズはセット

ランチも飲み会も旅行も、身近な行動や予定を「自分の企画の実現だ」と感じることが大切なのはお話ししたとおりです。そのうえで仕事として企画を行う場合、企画はマネタイズとセットで考えるクセをつけることが大切です。

企画をマネタイズとセットで考えるべき理由の1つ目は「スケールできる」ということです。大規模な企画の場合は、人を雇うことも必要になるでしょうし、ボードメンバーとして巻き込まれてくれた人にも報酬やインセンティブが必要です。また当然、企業と組んで実現させた方が大きくスケールできますよね。自分の会社でも外部の会社でも、組織が持っているブランドイメージや資金、人材を利用できるメリットは大きいです。

資本主義経済における企業の存在理由は「利益を生む」ことに他なりませんから、もし「絶対儲かる」ということになれば、企画した動機がどんなに利己的でも、絶対に採用されます。反対に、マネタイズを想像できない企画を提案した場合、「で？何がしたいの？」「好きだからやりたいって言ってるだけでしょ」と、取り合ってもらえない可能性が高くなります。

たとえば、会社の忘年会で考えるちょっとした企画も「開催できて楽しかった」と終わらせることもできますが、ちょっと汎用性を意識したりゲーミフィケーションをすることで、誰でもできる便利なコミュニケーションゲームになるかもしれません。自社でそのまま商品化する可能性もあれば、ＳＮＳで発信したりするうちに、そんなゲームを欲しがっている企業やメディアの目に止まる可能性は大いにありまず。現代は個人が組織の力を利用していく時代です。組織のお金を使ってやりたいことを効率的に実現させたりスケールさせようとする動き方は、今の時代に求められています。

２つ目の理由は、マネタイズできないと「続かない」からです。続かない企画は当たりません。少なくとも商業における企画は、「誰か」に届けるものですから、「誰か」がその企画に気づくまでに一定の時間が必要です。また、企画が当たって拡散するときは「誰か」の感情が動いたときですから、企画に感情移入してもらう必要がありますよね。感情移入してもらうにも一定の時間が必要です。少なくともマネタイズへの期待ができる企画であれば、当たるまで待ったり我慢しやすくなります。

これは、商業的な企画以外にも当てはまります。ボランティアの例を考えてみると分かりやすいでしょう。海外の貧しい地域に、清潔な水を届ける活動を行うとします。はじめのうちは参加者が私財を投じることで企画が成り立つかもしれません。しかし、景気が悪くなったり、企画者の健康状態が悪化するなど、様々な要因によって簡単に頓挫してしまいます。実際、ボランティア団体が資金難が原因で活動を続けられなくなったということはよく聞く話です。清潔な水を「継続的に」届けるためには、タダではなく販売し、現地の人を雇用し、水の提供と管理を継続できるシステムをつくることが必要です。

ちなみにマイクロソフト創業者のビル・ゲイツは、発展途上国の人たちを下痢性疾患や性暴力から救うべく、安全で清潔なトイレの開発を行いました。社会貢献だけでなくビジネスとして成立させなければならないという想いのもと「住宅設備メーカー・LIXILと組んで量産化する」という企画を実現させたのです。そして、最初に事業進出したバングラディッシュでは、2019年に事業が黒字化しています。マネタイズをセットで考えるということは「儲ける」ことでありますが、根本的な問題を解決したり、本質的な価値を生む企画を設計するうえでとても重要です。

「企画」と「コンテンツ」と「メディア」の意外な関係

「企画」を語るうえで、「コンテンツ」や「メディア」は不可分の関係にあります。前著『人がうごくコンテンツのつくり方』で、「世の中のものはすべてコンテンツである」とお話ししましたが、「コンテンツ」は一連の「企画する」というプロセスの中から生まれるものです。この世のすべてのものはコンテンツになりますが、人々に「これはコンテンツである」と認識されなければコンテンツになりません。反対にいえば、「これをコンテンツ化しよう」という意図そのものが「企画」だと言えます。

石ころを例に考えると、石ころに「足裏健康くん」という名前をつけるとコンテンツになりますが、そもそも「石ころもコンテンツだ」と石ころに名前をつけようとするプロセス自体は「企画」によるものです。つまり、コンテンツをコンテンツたらしめるのは、「企画」の賜物です。

一方の「メディア」は、意図を持ってコンテンツを発信し続けた結果として出来上がるものです。メディアは、メディアとして単体で存在できるものではありません。たとえば自分のTwitterアカウントで「石ころには人の役に立つ使い道がたくさんあるから、どんどん発信していこう」と石ころにまつわるコンテンツを発信し続け、人々から「石ころの情報を知りたいならあのアカウントをフォローしよう」と認識されるようになれば、そのアカウントは「石ころにまつわるお役立ちメディア」ということになります。「石ころメディアをつくろう」と、いくら立派なデザイン

企画とコンテンツとメディアの関係

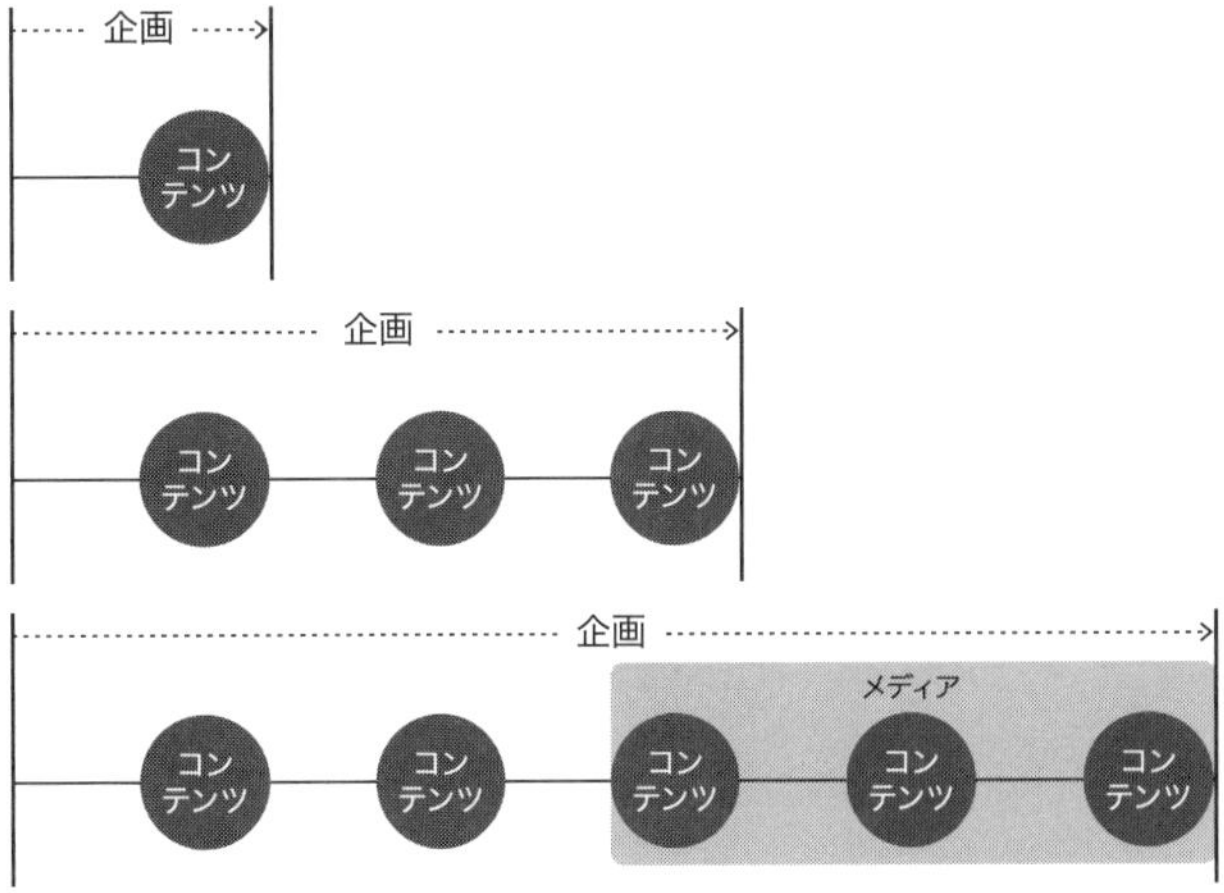

のWebサイトを立ち上げたとしても、発信するコンテンツがなければメディアにはなりません。オウンドメディアが流行ったときに見受けられたことですが、器だけつくっても意味がありません。あくまでもコンテンツあってのメディアです。

上の図は、「企画」と「コンテンツ」と「メディア」の関係を図式化したものです。企画は、伸び縮みできる時間軸のようなイメージです。準備段階のプロセスなど、生活者の目に入らないところからすべて企画の範疇です。1つのコンテンツを発信するまでが「企画」という場合もあれば、いくつものコンテンツを発信してそれがメディアだと認識されるようになるまでが「企画」だという場合もあります。

本書では、一部コンテンツの具体的なつくり方にも触れながら、包括的な概念である「企画」についてご説明していきます。

第1章

生まれる企画

chapter 1

Generating Plans

インプットしまくるだけで一流の企画者に

企画とはゼロベースで何かを思い付かなければいけないものではありません。既にあるものを広げたり、置き替えたり、まとめたり、組み合わせを考えたりする作業です。

しかし、決める際に「既にあるもの」をパーツとしてたくさん持っておかなければ、どうにもなりません。パーツが多ければ多いほど、選択肢が増え、様々な企画を生み出しやすくなります。

そして、選択肢を増やすこと以外にインプットが必要な理由がもうひとつあります。それは脳内に描く画（イメージ）の共有のためです。

企画を実現するうえで、多くの人の協力が必要となります。自分が描いた画を誰かに伝える際、どうすればよいでしょうか。今までにない新しいものを人に伝える時は、これまでにあるものとの類似点や相違点を例示することによって伝えるしかありません。相手が知っているものや、頭に思い浮かべられるものを知っていないと、新たに描いた企画イメージを伝えることができないのです。

たとえば、新しい企画について説明する際、内容を一つひとつ説明するだけでは、なかなか相手に伝わりにくいものですが、「ドラえもんのあのときのジャイアンのセリフみたいな」とか「バック・トゥ・ザ・フューチャーのビフみたいな敵役で」とか「ＡＫＢ総選挙みたいな構造で」というひと言を添えるだけで、正確なイメージを伝えることができます。

一般的にインプットというと、新聞を読んだり、映画を見たり、既に編集されたコンテンツを摂取することだというイメージがあるかもしれません。しかし、人と雑談したり、知らない街を歩いたり、新たな発見につながるものはすべてインプットに内包されます。

私は「いい企画を考えるにはどうしたらよいのか」と問われた時には「とりあえ

ず当たってる作品には目を通しておいた方が良いですよ」とお薦めします。たくさんのヒット作品を知っているということは、それだけたくさんの「共通言語」を持つということです。とりわけ最近は、生活の多様化と共にメディアの数も増え、小さなコミュニティごとに「ヒット作品」が無数にあります。私も含めてほとんどの人は、多くのヒット作品を把握出来ていません。つまり、多くの「共通言語」が扱える企画者は、多様なたくさんの仲間がつくれますから、それだけでほかの人と大きな差がつきます。端的に言えば、インプットしまくれば、それだけで価値ある企画者になれます。

「他人の思考を借りて」ラクにインプット

では具体的にどのようにインプットすると良いでしょうか。インプットしておきたい情報は、世の中に大量にあります。最近話題になっているもの、名作と呼ばれるもの、自分が好きなもの。これらをすべて見ていては、人生が何度あっても足りません。できることならラクに効率的にインプットしたいものです。

そこで、私がお薦めしたい情報収集の方法は、「他人の思考を借りる」ことです。世の中に1000個のコンテンツがあったとして、これらすべてをチェックすることは難しいですが、ほかの人のフィルターを通ってきたほんの10個のコンテンツだけならば、チェックできますよね。

また、自分にとって興味がない情報であっても、ほかの人の感情がマージされることで興味を持ちやすくなります。

たとえば、まったく興味のないジャンルのアニメが流行っていたと仮定します。あらすじを確認しただけでは、もちろん興味が持てません。ですが、普段は仕事かラーメンの話しかしない真面目なコウスケ先輩が、「このアニメの聖地に行きたくて、夜行バスで新潟県まで行ったんだよ」と熱く語っているのを聞けば、「このコウスケ先輩をそこまで熱くさせるなんて」と、そのアニメに興味が湧きますし「少し観てみようかな」という気分にもなります。もし観なかったとしても、コウスケ

［※01］リターゲティング
1回以上、自社サイトに訪問したことのあるユーザーに絞って広告配信を行うマーケティング手法

先輩の熱を帯びた作品解説からは、少なくとも「ファンがその作品のどこに惹かれたのか」を知ることができます。

人は「自分が興味のある情報」や「好きなものについての情報」に関しては、敏感にアンテナを張ることができます。一方で、興味のない情報に関しては、いくらインプットしてもなかなか頭に入ってきません。人の脳は視覚や聴覚を通して入ってくる膨大な情報に対して、自然と取捨選択するようにできています。とりわけ近年はリターゲティング［※01］などの広告手法やレコメンド機能がとてもよく出来ていますから、新しい情報が入り難くなっています。自分だけで情報収集しようとすると、どうしても情報が偏りがちです。そのため、ほかの人が興味を持ってキュレーションしてくれた情報をインプットしていくのが効率的なのです。

ちなみに、情報の偏りは一般的な生活を営むうえで悪いことだと私は思っていません。小さなコミュニティの中で、ストレスを少なく生きていくことは「村社会」を生きてきた人間の根本的欲求です。テクノロジーの進歩と共にマス時代が終焉を迎え、少数の気の合う仲間と簡単に出会い、容易にコミュニケーションが取れるようになったということです。この流れは変えられませんし加速していくと思います。

だからこそ、それぞれのコミュニティに対して浅くとも適度な理解を持てていて、コミュニティ同士を横断したり結びつけることができる人材は、ますます重宝されるようになるでしょう。単純に希少性があるということです。

仕事として企画業をしていくうえで、多様なジャンルの情報を「ラクに」収集していくことは、とても重要なテクニックです。ここからはもう少し、他人の思考を借りながら、情報収集できる方法をご紹介していきます。

15分の雑談でテクノロジーの恩恵を受ける

情報収集の手段としてオススメなのは「雑談」です。「最近おもしろかったYouTubeは何か」とか「流行りの映画がどうだった」とか、何気ない会話が企画のヒントとなり得ます。もちろん、家族や職場の同僚とのちょっとした雑談も大切ですが、私がオススメしたいのは、わざわざ「15分の雑談」を予定に入れるということです。直接会う必要はありませんし、Zoomなどのオンラインツールで構いません。むしろ、これはコロナ禍を契機とした「オンラインコミュニケーション」の一般化が可能にしてくれた方法です。感覚としては「電話より少し濃いコミュニケーション」くらいです。企画に直接関係する話をする必要はなく、「うちのダンナの寝言がうるさい」とか「会社近くの『尚ちゃん飯店』のバイトがイケメンだ」とか「キラキラインスタグラマーモモコさんのステマ疑惑はガセネタだった」など、相手と話したいと感じたことを話せば大丈夫です。

「いきなり雑談しようと声を掛けて変に思われないか」と思う方もいるかもしれませんが「雑談したい＝あなたと会話したい」というメッセージですから嫌な気分になる人はいませんよね。ただ「長い時間をかけたくない」という人は多いでしょうから、最初から「15分だけ話を聞かせて」と事前に時間を区切っていれば、相手も安心して応じやすくなります。

以前だったら「15分だけ会ってくれ」とは言い難いものでした。オフラインで会うには、自分も15分のために移動時間を割くのはもったいないと感じますし、言われた側も、15分だとしても会議室を準備する必要があったり、わざわざ来てくれた相手に「じゃあ15分経ったから帰って」とは言い難いですよね。「15分雑談」は新たな時代がもたらしてくれたインプット手法です。大げさなようですが、使わない手はありません。

会話の相手は誰でも良いのですが、「最近しゃべってないな」と感じる相手がベターです。しばらく会っていない相手は、自分にとって新しい情報を持っている確率が高いためです。

期間と情報量は比例します。たとえばドキュメンタリーの映像作品を撮る際、良い作品にするコツは、とにかく長い時間、長い期間、撮影し密着取材することです。長い時間があればいいことも悪いことも必ず何かが起きます。いいことが起きるきっかけや悪いことが起きたその先も撮ることができます。偶発的なことだけではなく、年を経るごとに起こりがちなイベント、たとえば卒業や失恋、結婚や退職なども撮ることが可能になります。最終的にはそうしてたくさん撮った出来事を1時間くらいにまとめるわけですから、相対的に密度が高くなり見ごたえのあるドキュメント作品になるのです。

それと同じように、雑談の相手も会わなかった期間が長い人だと、ライフイベントも含め新しい情報が多くなります。膨大な出来事の中から厳選したハイライトを

15分にまとめて共有することができます。お互いに新鮮な会話となりやすいですし、有意義な時間になります。後は、情報収集がきっかけだったとしても、ご無沙汰の人とコミュニケーションを取るって単純に素敵なことですよね。

現場でインプットはコスパがいい

企画のターゲットが決まっていた時は、どのように情報収集するでしょうか。「とりあえずネットで検索してみる」という方が多いと思います。「今、若い女性に流行っているのはコレだ」とか「〇〇オタクの間でコレが流行っている」と、おおよそのトレンドを知ることは簡単にできます。最近では動画でアップされている情報も多くなりました。動画から得られる情報量はかなり多いですから、効率的に情報収集できます。しかし、言わずもがなかもしれませんが、やはりリアルに見聞したり体験することはとても大切です。

まず、多くのメディアはリアルな現場取材をすることなく、ネットの情報のみで企画をしたり、コンテンツや記事を制作しています。リアルな現場を体験している人がつくる企画とは当然大きな差が生まれます。

また、当事者の感情が乗っていない情報だけを材料にして企画した場合、机上の空論になりがちです。「それっぽくつくる」ことはできても、人の感情を動かすような熱量の高い企画にすることはできません。そして、当事者というのは「企画のターゲット」だけを指しているのではありません。リアルに取材し足を運ぶことで企画者自身が感情移入し、ある意味で当事者になれるのです。

たとえば、私が主に腐女子を対象とした漫画の原作をつくったときのことです。私は池袋の乙女ロードに何回も通いました。乙女ロードとは、東池袋にある女性向けのアニメやマンガの関連グッズショップが多く展開されているエリアです。このエリアの空気感、ここに集まる女性たちの熱量は、言葉では言い表せない独特のものがありました。この時代にあってCDや缶バッジなどのアナロググッズを黙々と探している様子には驚きました。またさらに驚かされたのはそんな彼女たちが、とても洗練されていておしゃれで、また陽気であったことです。腐女子という言葉から連想させられるイメージは、黎明期の秋葉原オタクと言われていた男性のように、自分の服装にはさほど意識しない内向的な姿でした。私は自分の勝手な先入観を恥じました。

その後、さらに腐女子本人たちへのリサーチを進めるにつれ、腐女子とは、その時点ではすでに実態のない集団であり、趣向として「一般化されているセンス」に昇華していました。いつの時代も「一定以上に数が膨らんだニッチカルチャー」は一般化され、一部がさらに細分化されていき、よりニッチな集団が排他的な存在として残ります。ファッションの世界では、分かりやすい現象かと思います。多くの人が「これは一般的なデザインだ」と身に纏っている服が、10年前に革新的と言われたデザインや着こなしで、当時それを着ていた人は奇異な目に晒されていた装いだったりします。

いわゆるオタクと同様に、腐女子と言われていた「特異なセンス」はすでに大衆に受け入れられたことによって実態が消失していました。

マスメディアや影響力のあるネットメディアの一部は「半歩遅れ」の情報を提供します。これは「遅い」のではなく多くの人に興味を持ってもらうテクニックで、あえて半歩遅れの情報を発信しています。マスメディアにとってはレイトマジョリティー[※02]が主たる顧客だからです。つまり「自分が興味がなかった分野の情報」は、基本的に遅れて届く仕組みになっています。

このように「現場でないと感じられない情報」は価値が高いことが多いです。ネットのみで情報収集するより労力対効果が優れ、いわば「コスパがいい」とも言えます。ネットでの情報収集はとっかかりとしては必要ですが、現地の空気や様子を体感することで、ほかの企画者と容易に差別化されますし、感情を持った当事者にもなれるのです。

Twitterでラクに共感調査

現在、様々な種類のＳＮＳが普及していますが、なかでもTwitterは企画業におけるインプットに欠かせないツールです。なぜなら、Twitterは「共感」がとても分かりやすく数値化されているからです。端的に言えば、「リツイート」や「いいね」が多い投稿には「今、共感されやすい要素」があるということです。もちろん、投

[※02]レイトマジョリティー

新商品の購入に消極的な消費者層のこと。
周囲の半数が受け入れるのを確認してから購入を検討する

[※03]バイアス
先入観やデータの偏りなど、思考や判断に偏りをもたらす要因のこと

稿者の影響力によって大きく差異があり判別し難い場合もありますが、フォロワー数の少ない人でバズっているツイートは、共感の結果として判別しやすいと思います。

近年は、共感を意識してフォロワー数を伸ばしているアカウントが増え、様々な角度からの共感が可視化できるようになっています。自分の意見との違いも発見することが出来ますし、企画するうえで邪魔になる「自分というバイアス[※03]」をこまめにチューニングしていくことにもなります。

普段Twitterを使われている方なら言わずもがなかと思いますが、リツイートには大きく2種類あります。ひとつは「自分が好きな誰かの活動や宣伝を応援するもの」で、もうひとつは「自分で発信するほどではない、もしくは自分で述べるリスクを取りたくないような主張を代弁してくれている投稿を利用したり応援したりするもの」です。

後者のリツイートにはサイレントマジョリティー[※04]と言われる社会の表層にはなかなか出てこない想いや不満が存在します。とりわけ少しずつ蓄積される鬱憤は、あるタイミングで人を強く動かすものですから、企画するうえで大きなヒントとな

[※04]サイレントマジョリティー

「静かな大衆」「物言わぬ多数派」という意味。積極的に発言しない一般大衆のこと

るはずです。たかがＳＮＳのイチ意見と読み流すべきではありません。インフルエンサーなどではない、フォロワーが数十人から数百人の一般利用者も自分のフォロワーのことを大切にしています。「どんな内容をツイートしたらフォロワーに共感されるか、嫌われないか」「何をリツイートしたらウザがられないか、センスがあると思われるか」など考えつつセンシティブに利用しています。そうした繊細な思考の集合体だと理解し利用すると、Twitterはとても便利なインプットツールになります。若い方では日常的には主にインスタを利用するという人が多いと思いますが、水面下にある生活者の感情をインプットするツールとしてTwitterを見直されても良いと思います。

マスの空気感はテレビ10倍速で得る

私はテレビ番組を10倍の速度で見るようにしています。音声が出るのは、せいぜい2倍速までですから10倍だと何も聴こえません。しかし、最近のテレビ番組は誰

が見ても理解できるよう、分かりやすく編集されており、発言の多くがテロップで強調されているため、10倍速で見ても何が行われているか十分理解できます。

もともとは、テレビ局の編成部というところで仕事をしていた時に、確認しなければいけない番組の量が多過ぎてやむを得ず始めたことでした。自局はもちろん他局の番組も「観ていてあたり前」というような職種でしたので「あの番組をどう思うか」など感想を毎日求められます。自社商品やライバルである他社商品に意見を持つことは当然大事なことですが、毎日１００時間以上の新作が放送される番組を観ることは不可能です。今だから白状しますが「観たふり」をするためにやっていたことでした。

当時と違ってその必要はないですが、今でも録り溜めたテレビ番組を10～30倍速で観ています。後から振り返って考えると、これは企画のためのインプット方法としても有効なことに気がつきました。テレビはマスメディアですから、大衆が興味ありそうなこと（もしくは「興味がありそう」と思っていること）を日々発信しています。ニッチなコミュニティに留まらず、世の中全体の空気感をつかむには、テレビは便利なメディアです。

テレビは「雰囲気産業」と言われていた時代もあったほど世相に左右されやすく、「雰囲気」や「空気感」といった言語化できない視覚情報を強調する習性があります。収集したい情報内容が明確なときはYouTubeの方が効率よくインプットできますが、「ざっくり世の中の空気みたいなものを把握する」という目的ではテレビの方が適しているでしょう。

ただ、情報量という意味においては等倍速では物足りないと感じる方も多いと思いますので、再生速度を上げることで解消し、他では得られない大衆感覚の醸成に活用してみてください。特に、生業として企画をしていくうえで「大衆感覚」は大きな武器になります。

「情報ターミナル」になれればもっとラク

インプットという文脈で「企画を生業にできる人とそうではない人の違いは何か」と問われたことがあります。最初は違いが思い付かなかったのですが、よく考えてみると、私が頼りにしたり尊敬する企画者たちは一様に「情報ターミナル」になっていることに気づきました。

ここでいう「情報」とは「人間の生々しい感情に紐付いている情報」のことです。その最たるものが「相談事」です。特定の分野で相談事に答えられる人は、その分野に詳しい「専門家」と言えますよね。一方で「情報ターミナル」とは、ジャンルを問わず「とりあえず〇〇さんに話してみるか」「〇〇さんなら何とかしてくれるかも」という状態のことを指します。

相談事は喜怒哀楽様々な感情と結び付いていますから、相談事が集まってくる状態というのは、「それぞれの分野にまつわる感情が集まっている状態」とも言い替えられます。

企画は「人の感情を動かすこと」ですから、自分のところに「感情がマージされた情報が集まっている状態」は企画者にとって有利です。

情報ターミナルになるためには、まずは情報の発信者になることが必要です。情報というのは、情報が発信されているところに集まってくる性質があります。

ラーメンが大好きなコウスケ先輩を例に考えてみましょう。コウスケ先輩は「今日はあのラーメンを食べた」とか「最近できた『だるまん』というラーメン屋さんがおいしい」といつもラーメンについて同僚に話しています。すると、周囲の人はラーメンのことならコウスケ先輩に聞けば良いだろうと「おいしい醤油ラーメンの店を知らない？」とか、「デートにオススメのラーメン店ってある？」と相談を始めます。1つの相談では、大きな意味を持たないかもしれませんが、相談事の量が増えていけば「最近は醤油ラーメンについて尋ねてくる人が多い」「若い人はラーメン店をデートで使おうとしている人もいる」と情報として意味を持つようになります。

情報発信というと硬く聞こえるかもしれませんが「ラーメンを食べた」というようなことで構いません。「私は今これに興味がありますよ」「私が好きなのはこれですよ」と、自分の心の現在地を発信すれば良いだけです。

こうして情報が自然と集まってくる状態をつくっておけば、集まった情報をもとに、また新たな企画にすることができます。先ほどの例では、「いま熱い醤油ラーメン特集」とか「デートで使えるラーメン店ベスト3」などのように相談事から企画することができます。

さらに企画者として高みを目指すとき「ほかの人が知らないレアな情報」や「社会的価値の高い情報」が集まる状態になっていたいところです。「情報は情報のあるところに集まる」と言いました。高い価値のある情報は、同様に高い価値のある情報のところに集まります。

私は、ある時期から某大手ＩＴ企業の社長と定期的に会食するようになりました。Ａさんとします。Ａさんは私より一回り以上年下で若い方ですが、とても優秀で尊敬していました。仕事から派生した関係でしたが、プライベートでも関わるようになります。Aさんとは食事をするたび、必ず新鮮かつ刺激的で目からうろこが落ちるような話が聞けます。私にとっては愉しく有意義な時間でしたので、この会合を長く続けたいと思っていましたが、ある時ふと不安になりました。「Aさんはなぜ自分と食事をするのだろう」と。そのとき気がつきました。「この人は私から何かを得ようとしている」。あたり前の話ですよね。しかし、恥ずかしながら私は友人関係という間柄に甘えてそこまで考えていませんでした。急に焦り始め、そのときからAさんを意識した情報収集をして準備するようになります。準備はやや大変ですが、以前よりもさらに有意義で愉しい時間を過ごせるようになります。

それから何回か食事をしたとき尋ねてみることにしました。「何で私とこんなに頻繁に食事するのですか」と。するとAさんは言いました。「だって髙瀬さんは会うたびに情報くれるし、何かしら気づきがあるから」と。私は内心「ほんとに毎回準備しておいてよかったな」と安堵しつつ「いやいや、食事前は必死でネタ集めてるんですよっ！」とリアクションすると、「え、こっちも毎回プレッシャー感じてネタ集めてたんですけど！」との打ち返し。お互い同じように準備して会食に臨んでいたのです。何が言いたいのかというと、情報感度の高い人はみんな「時間」への意識が高いです。自分の時間はもちろんですが「相手の時間を無駄にさせたくない」という「礼儀」のようなものです。Aさんはもちろん私以外の人と会うときも同様の準備をしているのでしょう。

友人関係なのに意識が高過ぎる印象があるかもしれませんが、たとえば、好きな人に久々に会うときに、「そこまで有名じゃないけど近所でちょっと流行ってるお菓子を手土産にしようかな」と思うようなことと同じだと考えてみてもいいかもしれません。思いやりや気遣いとも言えますよね。逆に言えば「自分の時間を多少なりとも気遣ってくれる気配のない人」からは、高い価値のある情報は得られない可能性が高いでしょう。

高い価値のある情報は、ネットやSNSからはなかなか得難い情報です。それを得られる環境にいる企画者の存在価値は大きく向上します。

企画をストックすれば天才を装える

私は誰かに「企画を出せ」と言われたら、すぐに出せます。これは頭の回転が速いとか、発想力があるということではありません。なぜそれができるかと言うと、大量に企画をストックしているからです。企画をストックしておくだけで「おお、すぐに出ますね」とか「アイデア豊富ですね」とか、場合によっては「天才なんじゃないか」と一目置かれます。

企画を考えるときは、必ず何かしらの目的があります。目的に粒度の差はあれど、おおよそいくつかのパターンに限られます。過去には似た目的のプロジェクトやミッションがありますから、そのときに考えた企画から選択しているのです。

私が実践している企画のストック方法は、主に2つあります。1つ目は、思い付いた企画をメモしておく方法です。私の場合、LINEを使用しています。LINEで、自分1人だけの「企画メモ」という名前のグループをつくり、思い付いた企画をどんどん投稿していきます。LINEだと「きれいにまとめなきゃ」と感じることもないですし、思考を重ねた順番にメモが蓄積されるので「後で見返したときに思考プロセスを呼び起こしやすい」というメリットもあります。思考をプロセスから呼び起こせると、当時の感情や興奮そのままに思い出すことができるのでとても有効です。また単純に、日常的に使っているツールでないと、メモすること自体が面倒臭くなります。自分にとってストレスを感じず手間のかからないツールを使うことが大事です。

2つ目は、すべての企画を簡素な書式でも「企画書で残しておく」ことです。私の場合だと、「オヨヨ社へ提出」「キラキラインスタグラマーモモコさんへ提出」と、提出先ごとにフォルダを分け、各ファイルタイトルには日付を入れて時系列で確認できるようにしています。

お題に対して何か企画を考えるとき、世に出なかった企画はもちろん候補になりますが、世に出ている企画でも使えます。企画は「1つのお題に対して1企画」と対になっているものではありません。採用された企画でも、初案から少しずつ変更を繰り返しver.20くらいで世に出ることになります。ですからver.5くらいまでは一見まったく別の企画であることがよくあります。似たようなお題に対して、過去実現させた企画でも使えるものはたくさんあります。

このようにストックした企画は、定期的に見返します。見返しながら、今考えている企画に使えそうなものがないか考えます。もし良さそうなものがあれば、お題や予算、時代やタイミングに合わせてブラッシュアップして使います。

正確には数えていませんが、これまでに私が保管している企画は1万以上はあります。企画がボツになると「せっかく考えた時間や労力が無駄になってしまった」と感じますよね。しかし、無駄なことはまったくありません。考えた企画は、ストックされ自分の財産になりますし、いつかどこかのタイミングで実現させれば良いのです。

企画が実現しない時というのは、自分にあまりやる気がなかったか、タイミングが合わなかったという場合が多いです。自分がどうしても実現したいのにできなかった企画は、大抵はタイミングの問題です。

たとえば、お金の問題で企画が実現しなかった場合を考えてみましょう。企画提

［※05］SoundCloud

ドイツ発の世界最大級の音楽ファイル共有サービス。
自分の楽曲を発表したり、ほかの人の楽曲を聴くことができる

出時には莫大な予算がかかると却下されていても、5年後にはお金を使わなくてもできる仕組みができていたり、お金が集まりやすい環境が整備されていたり、時を経て解決することがあります。

私にとって企画のストックとは、いつか必ず巡ってくる順番待ちの列のようなイメージなのです。『逃走中』をはじめ、私がテレビ局員時代に実現できた企画の原案の多くは、私が営業局に所属していた頃に考えたものでした。営業局は基本的に番組をつくることが出来ない部署でしたが、そのときから企画をストックしていました。その後、異動し環境が変わって、紆余曲折ありましたが、結果的に実現できました。

「企画をしたいのに、企画系の部署になかなか異動できない」と嘆く人がいますが、とりあえず企画を考えてストックしておいてください。ストックした企画は、今すぐに実現できなくても、自分に実現したい気持ちがある限り、日の目をみる可能性は継続されます。

そもそも企画は、100本つくったうち、1本通ればいいくらいのものです。一流の企画者と呼ばれる有名人でも、企画が通らないことがあたり前です。「企画が

[※06] monogatary.com

ソニー・ミュージックエンタテインメントが運営する小説やイラストを中心にした投稿サービス。お題に沿った内容の物語を投稿し、その物語に対してほかのユーザーがコメントや表紙などを投稿できる

通らなかった」「実現しなかった」と言ってその企画に過剰に執着しても、周りの人からは「面倒な人だな」と思われて損をするだけです。もちろん、企画に熱い想いを持つことはとても大切です。その熱意は「いつか実現させてやろう」と自分だけのポケットに忍ばせて、タイミングや別の場面を待っていれば良いのです。

「量が質を生む」もうひとつの意味

現代は、誰でも簡単に発信することができる時代です。企画業において、プロとアマチュアの違いなんてとっくにありません。誰にでも平等にチャンスがあります。全米の音楽チャートで1位を取った曲がSoundCloud［※05］で発表された曲であるというのも珍しい話ではなくなりました。YOASOBIもmonogatary.com［※06］から誕生しました。音楽界だけでなくマンガ界もSNSからたくさんのスターが誕生

しています。2019年の年末から2020年の年始にかけて話題になった『100日後に死ぬワニ』もTwitter発の作品ですよね。「音楽やマンガの民主化」と言われたりもします。大手音楽レーベルのプロデューサーや大手出版社の編集者は、以前は作品が持ち込まれることが日常でしたが、今では毎日のようにSNSをチェックし新人発掘をするようになりました。

誰にでもチャンスがある一方で、企画者にとっては、ライバルが多く企画が埋もれやすくなった時代ともいえます。とりわけ組織の中で仕事として作品をつくってきたクリエイターは大変です。これまでのテレビ業界・音楽業界・出版業界など企画を主力事業として行ってきた業界は、法律や商慣習の中で、外部からの参入障壁が高く守られた環境にありました。結果として、お金も時間もかけて、じっくりコンテンツ制作をすることができました。また、当時の世の中は慢性的にコンテンツ不足でしたから「新しいコンテンツに飢えた消費者が常にたくさん待っている状態」です。世に出せば、確実に多くの人に観てもらったり聴いてもらうことができました。

「素人の企画は粗い」と未だにたかをくくっている各業界のクリエイターもいるようですが、これは見当違いです。まず前提として、企画のクオリティの高さとは「誰かにとって満足かどうか」ということです。「プロ」の目から見ると粗雑に見える企画でも、その企画が感情の深いところにズブッと刺さった人にとっては、十分クオリティの高い企画だと言えるのです。現代は、コンテンツの分量が多い分「誰かにとって質の高い企画」は絶対にあります。

「量が質を生む」とはよく言ったもので、本来は「『質』を高めるためには『量』をこなす必要がある」という意味の格言ですが、近年の民主化されたコンテンツシーンにおいては「コンテンツに『量』があれば『質』を感じる人とマッチングできる」とも解釈できるでしょう。

発信するチャンスは誰にでも平等にある時代になりました。ということは、企画業を生業とするなら、とても厳しい競争環境にあるのだということです。しかし、誰にでも発信できると言えど、実際に大量の企画を発信し続けている人はほとんどいません。まずは量で差別化するというのもひとつの手です。

企画業に就きたい学生の方を含め、私に相談される方の多くがあまり発信していません。「〇〇がしたい」と言っているのに、何もしていない人は、むしろ「YouTubeでもできるのに何でやらないの?」と感じてしまいます。企画実現の機会を待つのではなく、拙くても良いのでどんどん世に出していきましょう。それは必ず実績となり、自分がやりたい企画を実現させるチャンスが広がっていくはずです。

第

2

章

人と企画

chapter 2

People and Planning

「ユーザー」なんてこの世にいない

これから本文中に「生活者」「消費者」「ユーザー」という単語が多く登場しますので、この違いを確認したうえで、読み進めていただけるとより分かりやすいと思います。

最近では、商品やサービスを考えるとき「ユーザー」と称することが多いですよね。でも「読者」「視聴者」とも言いますし「消費者」と言ったりもします。マーケティングではもちろんですが企画を考えるうえでも、その違いが曖昧だと大きな間違いをすることになります。

まず、ユーザーというのは「すでに商品やサービスを使ってくれたり、少なくともよく知ってくれている人」です。対象となる商品やサービスに興味がある状態で、知識や感想も持っています。また、消費者とは「少なくとも何かを消費する意思を持っていたり、何かを買ったり使ったりする準備ができている人」です。端的に言えばお金を使うつもりがあって、何か自分に必要だと感じれば、買ったり使ってく

「生活者」「消費者」「ユーザー」の気持ちを想像する

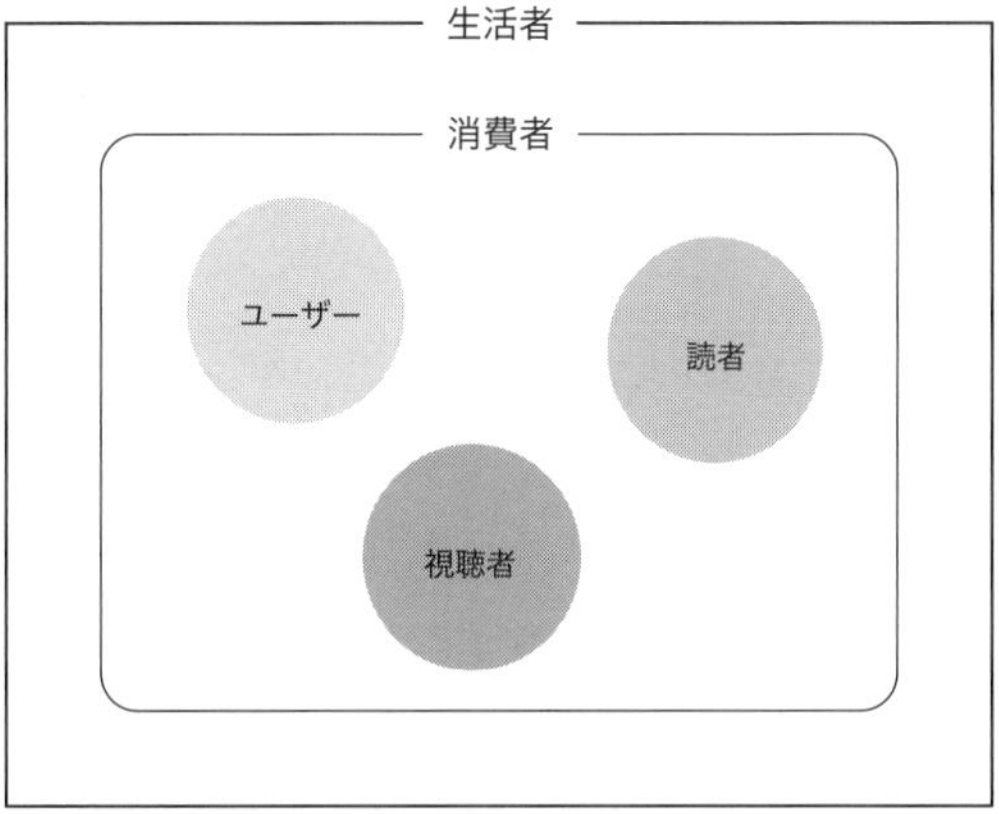

れる人です。そして、生活者とは「消費する意思の有無に関わらず、日常生活をしている人」です。日々、自分や家族の生活リズムの中で忙しく生きています。

学生は、勉強したり恋をしたり、インスタやTikTokでコミュニケーションをとることに忙しいですし、主婦なら子育てや家事に大忙し、姑やママ友への気遣いで疲弊しています。生活者はみな自分のことに精一杯ですから、新しいコンテンツやサービスに高いアンテナなんて張っていませんし、かといってユーザーだった人もそれまで使っていた商品やサービスをずっと使い続けるほど忠誠心を持っていません。そもそも移り気で飽きっぽいのが消費者の特徴です。

企画を考えるとき、対象としているのが「ユーザー」なのか「消費者」なのか「生活者」なのかは大きな違いです。とりわけ最近は生活者や消費者と区別なく「ユーザー」と称する場合が多いです。現代では「ユーザーなんてこの世にいない」と考えた方が無難です。

企画を考えるとき、「生活者」「消費者」「ユーザー」の気持ちを想像することが大切です。「生活者」から「消費者」になるとき、「消費者」から「ユーザー」になる瞬間、「自分だったらどんな気持ちか」想像しながら企画を考えると、求める結果に近付くと思います。

企画の要は「人起点で結び付ける」こと

企画は「何かと何かの結び付け」によって生まれるものが多くあります。発想法のひとつに、「ポストイットや単語帳に、様々な単語を書いて裏返しでランダムに並べ、適当に2枚選んで結び付ける」という有名な方法もあったりします。どこかで聞いたことがあるのではないかと思います。しかしこの方法は慣れている人ならともかく、一般的にはあまりお薦めできません。なぜなら「結び付けること自体が目的」になりがちだからです。

目的はあくまで「企画すること」ですよね。

では結び付けるうえでどうしたらいいのか。答えは「人」にあります。

たとえば、文章を書くのが得意な営業企画部ショウコさんがいたとします。部長のユカさんは「ショウコさんの特技が活かせないかな」と考えを巡らせます。するとラーメンにだけはやたらと詳しい主任のコウスケ先輩を思い出しました。そういえばコウスケ先輩は、後輩たちから「最近デートで使えるラーメン屋さんはないか」よく相談されているそうです。ショウコさんとコウスケ先輩を結び付けてラーメンデートの記事を書いたらいいかも、と思い付きます。自社で発信しようかと思っていましたが、いつもお世話になっている料理好きインスタグラマーのマサヨさんが「ネタ切れで困っている」という話がありました。こうして料理好きインスタグラマーのマサヨさんによる「おうちでラーメンデート」という企画が出来ました、みたいな考え方です。

実際に「おうちでラーメンデート」がいい企画かどうかはさておきですが（笑）。

また、一見結び付かないものでも、人起点で考えていくと、企画になる場合があります。たとえば、先ほどの単語帳方式で「ビール」と「椅子」が出てきたとします。「ビールと椅子、ビールと椅子……」と呪文のように唱えても、せいぜい「ビールを飲む時の椅子」とか「椅子の形をしたビールジョッキ」くらいしか出てきません。

飲み難くて仕方ないですよね。いずれにせよ、たくさんの企画を思い付くことは難しいのではないかと思います。

では、「ビールを飲んでいる人の気持ち」と「椅子に座る人の気持ち」の組み合わせではどうでしょうか。両者の共通点を挙げてみると、「家でリラックスしている」とか「居酒屋ではしゃいでいる」とか、先ほどよりも情景が思い浮かぶようになり、企画を決めやすくなります。たとえば「ぐびぐびと喉ごしの音が出る椅子」とか「ビール3杯以上飲むには居心地が悪くて客が無駄に居座らない椅子」とか。「『とりあえずビール』と椅子に書いてあったら座る前から宴会が盛り上がるんじゃないか」とか「その居酒屋で『100杯ビール飲むと店の椅子に自分の名前が彫ってもらえるキャンペーン』やってたら通っちゃうな」とか。人の気持ちを想像すると、客目線のみならず、さらに広がって店員や幹事など様々な立場で企画をイメージできるようになります。

さらに「人起点で結び付ける」という視点は、自分が興味が湧かないテーマの企画を実現させるうえでも有効です。仕事で企画する場面では「上司に闇雲に『企画しろ』と言われた」とか「まったく知らない商品を売るために」とか、興味のないテーマで企画せざるを得ない場合がありますよね。興味がないと頭も働きません。

そういうときはまず「自分が好きな人で、かつそのテーマに興味がある人」を探してみてください。自分が好きな人が楽しそうに話していると、その話の内容自体には興味が出るようなります。

たとえば、自分がまったく興味のないネイルがテーマのときに、自分がひそかに憧れているキラキラインスタグラマーのモモコさんに相談したとします。モモコさんが「いいじゃん！」とか「それ、おもしろいね！」と言ってくれるような企画にしたくなりますし、モチベーションも上がってネイルのことを勉強する気にもなりますよね。

「人起点で結び付ける」というのは、「生活者視点」で考えることにもなります。「おもしろい企画を考えよう」「センスのいい企画を考えよう」とすると、どうしても発想が狭くなりますし机上の空論になりがちです。まず「生活者の気持ち」を考えると企画の幅も数も出るようになります。

感情無視で「とんでも企画」

人間の感情は普遍です。普遍的な感情というのは「めんどくさいのは嫌だ」「モテたい」「他者に評価されたい」「美味しいものが食べたい」「疲れることはしたくない」など日常的な欲求に付随して現れる喜怒哀楽のことです。どれだけテクノロジーが発展しようと、人間の感情を無視した企画が受け入れられることはありません。「企画の主語はあくまでも人間だ」と忘れないことはとても重要です。

新しいサービスやデバイスが出来たとき、それらを世の中に知ってもらうために企画が必要になりますが、こういうときによく間違いが起こります。

たとえば近頃では「5Gの企画が欲しい」というオーダーがよくありました。ちなみに5Gとは「第5世代移動通信システム」[※01]のことで、「高速大容量」「低遅延」「多接続」といった特徴があります。ところが、このまま「高速大容量」「低遅延」「多接続」を主語にした企画を考えて、多くの人に受け入れられる企画にすることはできません。よほど技術方面にアンテナを張っている人以外は、自分ごとだと

[※01] 第5世代移動通信システム

「5th Generation」の略。1980年代に普及したアナログ携帯電話から数えて5世代目の移動通信システム

[※02] DX

デジタルトランスフォーメーションの略。デジタル技術の浸透によって人間の生活のあらゆる面に起こる変化や影響のこと。企業におけるデジタル技術やデータを活用した組織・ビジネスモデルの変革といった意味で用いられることも多い

思えずスルーしてしまうでしょう。5Gで企画するなら、たとえば3Gや4Gを使っていた人の「ページの読み込みを待つのが面倒くさい」とか「Web会議でちょっとズレただけでもイライラが募る」といった感情を変換して考えることで、生活者に刺さりやすくなります。

また、最近では「DX[※02]の企画を考える」という場面も多いのではないでしょうか。

ありがちで分かりやすいと思うので、あえて「とんでもDX」っぽい例を挙げます。出版社で「ウチもDXしなきゃ。そうだ、最近流行っているVRはどうだろう」という話になり、VRを使った出版企画が立ち上がるとします。「著者が3Dで解説してくれるVR」「3D空間の中で本が読めるVR」などの企画が出てきそうです。しかし、このうち人間の感情に紐付く企画はどれほどあるでしょうか。少なくとも今挙げた例の中に、「めんどくさいことはしたくない」「モテたい」といったような人の欲求に基づく企画はありません。著者の解説は、テキストで足りますし、仮に動画だとしてもYouTubeで十分です。それ以前に、本は「視覚的に足りない情報を想像することを楽しむもの」ですよね。少なくともこの欲求に対しては、マンガ化

や映画化などで応えられています。

電子書籍というテクノロジーが急速に広まったのは「持ち歩くのに重くてウンザリ」「保管するのにスペースをとって邪魔」「読みたいのに在庫切れでムカつく」など、本を読んだり買ったりするときに存在する感情に紐付いていたからです。これこそ出版におけるDXですよね。

そもそもDXは「ITで人々の生活を良い方向に変化させる」という「文化の創成」ですから、人の感情に紐付かないDX企画なんてありえないわけです。新しいデバイスやデジタルツールありきの「とんでもDX企画」で「生活者無視」にならないよう気をつけたいところです。

ここで少し補足したいのが、人間の感情は普遍でも、その強弱は時代背景により異なるということです。近年の傾向だと、これまで以上に「嫉妬」という感情が強いと感じています。これは、SNSの登場により、以前よりも「人と比べやすくなった」ことが背景にあるでしょう。

芸能人のTwitter炎上も、その人の行いが道義に反しているというよりは「俺は我慢しているのにズルい」「私は努力しているのにズルい」「ラクにお金を稼いでいてズルい」といった嫉妬心から派生しているものも多いですよね。だからこそ、人の嫉妬心を利用したりきっかけにする企画は注目されやすいでしょうし、鬱憤を溜めている人を解放する企画は受け入れられるチャンスがあります。

「この人はこういうことで嫉妬しているな」「最近自分はこういうことをズルいと思っているな」と感じる体験があれば、共感することで和らげたり、一気に解放するような企画を考えると当たる可能性は高いと思います。

人だけで企画になる

「人起点で結び付けると企画しやすい」という話をしましたが、ここで「人そのものが企画になる」というお話をしたいと思います。

「人」はそもそもコンテンツ力がありますから、それだけで企画になります。

たとえば、コウスケ先輩は営業企画部の人気者です。大好物のラーメンと結び付けたり、そこから派生してダイエットと結び付けるのは基本です。ただ、もしそれが思い付かなかったり新鮮味が感じられない場合、「コウスケ先輩というキャラクターそのもの」を企画にすることができます。

たとえば、忘年会で「今年はまるごとコウスケ先輩スペシャル！ コウスケだらけのドキドキ2時間大忘年会！」というタイトルにするだけで、中身がなくても、それはもう企画です。何が起きるのか、みんなが勝手に想像してくれますから、普通に司会をしたり、乾杯の音頭をとるだけでも、一つひとつが企画の中身になっていきます。司会や乾杯の結果がみんなの想像どおりなら「やっぱりこんな感じになるよね！」と楽しめますし、想像と異なっても「まさかそうなるとは」と盛り上がります。こういう状態を「フリが効いている」と言います。詳しくは、のちほどご説明します。

テレビ番組で大物タレントや人気の芸人さんを中心にした企画があります。その中でも「〇〇さんがバスで1泊2日の旅をして地域の個性的な人々を紹介します」

のように内容が明確に決まっているものと、「○○さんがビックリするものを紹介します」のように、かなりフワッとしたものがあります。後者はたまに「そんなものは企画じゃない」と言われたりしますが、それが今まで存在しなかったり、実現が難しかったり、期待する誰かがいたりする限り、「人そのもので突き抜ける」タイプの立派な企画なのです。

私は自分が代表を務めるジェネレートワンという会社以外に、POSTURBANという会社を経営しています。難波啓司という人が代表をしています。私はあるとき彼に出会い、彼と話すにつれ天才だと感じました。当時、彼は21歳のエンジニアでした。彼がそれまで勤めていた会社を退職するという話を聞き、私は「彼の才能をもっと世に出さないともったいない」と思ったので「彼を世に出すために会社を興す」いう企画をしました。やることは何も決まっていません。とりあえず彼を世に出すために会社を興します。その後、彼を慕うさらに若いエンジニアたちも合流し、次代を担うエンジニアチームが出来上がります。現在は多くのサービスを開発し、初月から月間1000万PVのサービスを生み出すなど、日に日に成長しています。

私の中でこれは、難波という人間をテーマにした「人そのもので突き抜ける」企画でした。

他にも北川雄介というトレーナーと出会います。彼もまた天才でした。ある野球の投手に対して、10分ほど施術すると最高球速が137㎞／hから147㎞／hにアップしたのです。また、私は6年ほど前に事故に遭い、足首が普通の人の半分くらいしか曲がらなくなってしまいました。6年も経っていたので「関節がすっかり固まってしまっているだろう」と諦めていたのですが、彼に施術されると3分で足首が完全に曲がるようになりました。これは世を救う技術だと思いましたので「北川氏のテクニックを世に拡げ、私のような後遺症で苦労している人や、スポーツで才能を引き出せずに悩んでいる人を助ける」という企画をし、DIMENSIONING（ディメンショニング）というブランドを創って、北川氏が代表を務める会社を共に立ち上げました。

これらの話を「企画」と思うか否かには大きな違いがあります。「人だけで企画になる」と思うだけで、気づきの範囲が広がりますし、必要な行動のハードルも下がります。当然、人との繋がりは多く太くなりますし、結果的にたくさんの企画を実現できるようになります。

人は「自分以外を決めつけて安心する」生き物

企画するとき、ターゲットについて考えると思います。仕事で企画を考える場面では、ターゲットが先に決まっていて、その人たちに受け入れられる企画を考えることの方が多いかもしれません。

いずれにせよターゲットを安易にひとくくりに考えてはいけません。20代女性・40代男性・後期高齢者。主婦・独身男性。Z世代・ミレニアル世代・バブル入社組・団塊ジュニア。世代、生活スタイル、時代など様々な〝くくり〟がありますよね。この本を読んでいる方も、今ざっと挙げた言葉の中にくくられていることでしょう。しかし、自分はその〝くくり〟にしっくりきているでしょうか。〝ゆとり世代〟なんていうワードも登場して久しいですが「自分はゆとり世代だな」と思っている人はほとんどいないでしょう。もしその〝くくり〟の中にいるとしても、「自分はその中でも少しほかの人とは違うと思っている」人が多数だと思います。

何か企画を立てるとき、マーケティング調査をもとに考えられていることが多くあります。大きな企業や大きなプロジェクトであればマーケティング調査ありきがほとんどです。調査することはもちろん悪くありません。しかしその調査は、「誰か」が分析してまとめて共有されます。組織が大きければ大きいほど簡潔にまとめられていきます。「エライ人」は忙しいですし時間の確保も難しいものです。調査結果のレポートはさらに簡素化されていきます。こうして調査結果は、世の中を平均的に切り取ったものになり、ターゲット像は耳馴染みのある「架空の存在」に集約されていきます。

こうなると、ターゲット自体がすでに耳障りの良い「丸い」存在ですから、企画は、最初から尖りを削がれた「丸い企画」にならざるを得ません。大量生産・大量消費の労働集約型社会であればそれでもよかったのですが、今の生活者が満足するものは、このようなプロセスでつくることはできません。
マーケティング調査は、企画のベースではなく、あくまでもその成功を裏付ける材料、もしくは関係者を説得する材料としておくのが適切です。

そもそも人は、「自分以外をくくりたがる生き物」です。自分以外の存在は未知ですから、まずは本能的に恐れます。ですから「あ、この人はこの部類ね」とか、「あの職業ってこういうタイプだよね」と決めつけることで既知の存在になり、安心することができるのです。未知の相手に対して職業や血液型を知りたがるのは、自分との相性診断という目的より、「自分の中にある既知のペルソナ[※03]に結び付けて安心したい」という目的の方が強いケースも多いでしょう。
企画のターゲットを考えるとき、そのキャラクターを「無意識的に決めつけてくくっていないか」注意することが必要です。

[※03] ペルソナ
人格を表すラテン語。もとは俳優が被る仮面の意味。転じて、マーケティングでは、商品・サービス開発時に設定する架空の人格を指す。

やっぱりゴシップが好き

人は結局、ゴシップが大好きです。不倫や失言など、テレビのワイドショーではどの番組も同じネタを延々と扱い続けます。そしてまた別のゴシップがあると、一斉にそのネタに飛びつきます。「くだらないことばかりずっとやって」と思いますよね。ただ、テレビはマスメディアですから、世間の興味がある（＝視聴率に繋がっている）から扱っています。そして、これはネットメディアでも同じです。総合的に多様なジャンルを扱っているメディアで、読まれている記事は、政治でも経済でもなくゴシップネタが上位を独占しています。こうした世の関心の性質に対して「日本は平和だね」なんて評したりしますが、その理由が平和だからなのかはさておき、いつの時代も「低俗だ」「ゲスい」「不謹慎だ」といわれる情報が人の好物です。「人の口に戸は立てられぬ」とは「世間のうわさや評判は止められない」という意味ですが、昔から「結局みんなゴシップが大好き」だったから生まれた諺でしょう。

「何をもってゴシップか」「どの程度が程よいゴシップか」は、趣向や生活圏との距離によって許容度が変わります。たとえば、「そんな芸能人のゴシップには興味ない」という人でも、「さほど仲良くはないが同窓会では挨拶するくらいの同級生が、ほかの同級生と付き合って別れた」とかだったら、情報としては面白く感じるのではないでしょうか。

例としては少し遠回しになりますが、私にとっては強く記憶に残った出来事をお話しさせてください。

私がテレビ局員だったときの話です。当時私は営業局から編成制作局という番組を企画制作する部署に異動したばかりで、番組をつくる方法もまったく分かりませんし、役に立ちません。そんな制作経験のない若手は「数字読み」と言われる、自局や他局の視聴率を予測する仕事をする慣習がありました。だいたい向こう5週間くらいの、プライムタイム（19時〜23時）世帯視聴率を番組ごとにすべて予測します。予測と言っても何か特殊なシステムを組むものではなく「過去のデータを元に最終的には勘で予測する」というアナログな仕事です。

この仕事は、あらゆる番組を観ないと出来ないですし「世の中と自分の感覚を埋めていく」という意味では、新人の訓練としてはとても有益だったと思います。最初のうちは予測数字と実際の視聴率に大きな差があって怒られてばかりでしたが、次第に精度が高まります。当時の私にとっては、自分の存在理由を示す唯一の仕事でもありましたから、過去のデータから独自の方程式のようなものもつくったりしながら、予測精度の向上に努めます。

かなり高い確率で「数字読み」が出来るようになった頃、衝撃的なことがありました。「扇風機おばさん」と呼ばれた人を覚えている方もいるかもしれません。元々美人だったにも関わらず、さらなる美を求め整形に依存するようになってしまった人です。病院で「これ以上はできない」と施術を断られると、「自分で食用油などを顔面に注射するようになり、かなり不自然な顔になってしまった」という話で、ある番組で取材し放送されました。放送前週にその予告映像が流れるのですが、その映像がかなり悲惨でいたたまれなく、楽しく見ていられないレベルでした。

その番組の視聴率は元々他番組よりやや高い人気番組でしたが、翌週の視聴率予測に悩みます。かなり衝撃的でしたし、映像に力はあります。ただ「ずっと見ていたいかと言われると難しいかな」という感覚でした。私は通常と同じ程度の視聴率を予測しましたが、蓋を開けてみれば、なんと通常の倍以上の高視聴率でした。私はショックでした。自分が善人ぶるつもりは毛頭ありませんが、その映像の評価は分かれると思っていましたので、ここまで人を惹きつけるとは思わなかったからです。その後もこのようなことが多くありました。

こうした「マスの発信する情報」と、感覚的ギャップを感じる方は多いのではないでしょうか。これは、テクノロジーの発達により「情報は個人に対して最適化されて届くようになった」ことが理由です。自分を「感覚的にギャップのある情報」に対して距離を置くことができますから、結果的にマスの思考との違いを強く感じやすくなります。「結局みんなゴシップが好きだ」と言いましたが、興味を抱くゴシップの種類も人によって違います。「自分はゴシップに興味がない」という人の多くは「自分は特定のネタに興味を持ったのであって、いわゆるゴシップとして興味を持ったのではない」と解釈しているわけです。しかし、本当はみんなゴシップが好きです。企画するとき、覚えておいて損はありません。

人は損をしたくない生き物

人間は本能的に損をしたくない生き物です。リスクを取って新しく何かを始めるよりは、現状維持を続ける方が良いと考えます。同じ企画内容だとしても「こうするといいですよ」というより「こうなると損ですよ」という見せ方の方が受け入れられやすい、という傾向があります。これは、行動経済学では「プロスペクト理論」あるいは「損失回避」という概念で説明されています。企画を考えるとき知っておくと便利な理論です。

企画をするときはどんな内容であれ「人を動かす」必要がありますよね。「これをすると健康になります」よりも「このままだと病気になっちゃいますよ」の方がドキッとして動いてみる気になります。また、「これをすると儲かりますよ」だと「いつかやろうかな」くらいのテンションで、今すぐやろうという気にはなりませんが、「すでにみんな儲けてますよ」と言われると「今動かないと損をしてしまう」ような気持ちになってきます。詐欺まがいの商法でもよく使われる言い方ですよね。

ネット記事の見出しやテレビのタイトル、YouTubeのサムネイルなどを見て、自分がどう感じるか意識的に比べてみると面白いですよ。

近年の日本は「孤独」と「デフレ」がテーマ

企画を考えるとき、大きな社会の流れを言語化しておくとハズさないものができます。企画のターゲットがニッチなコミュニティの人たちだったとしても、彼らは社会を支配する大きなテーマの上で揺らいでいます。

それは、マスメディアから発せられる情報から生まれるものでもなければ、インフルエンサーたちから影響を受けるようなことでもありません。もっと大きなス

個人もコミュニティも社会テーマの波の上で揺らいでいる

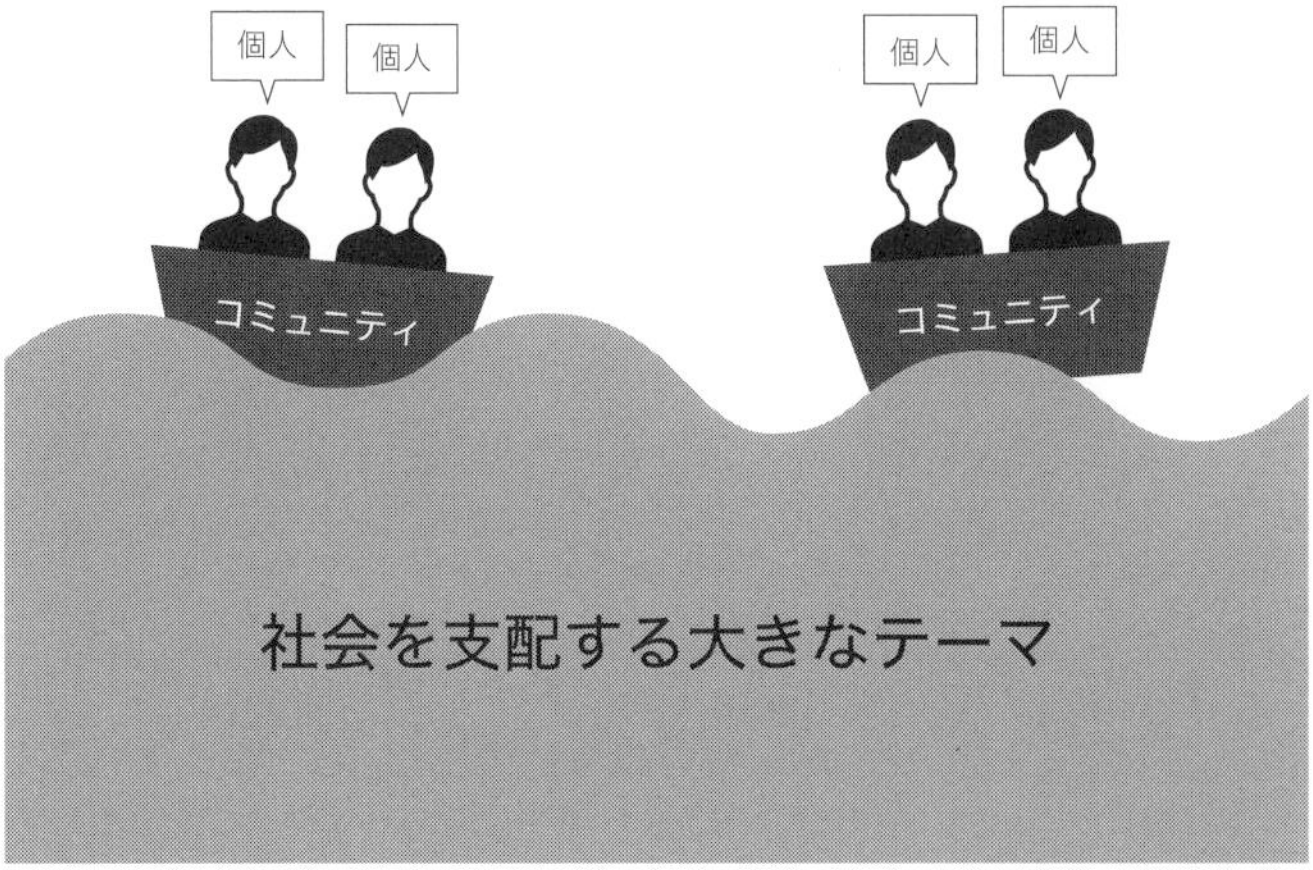

ケールの、いわば「時代のうねりの中にある現在地」のようなものです。それは必然的なものなので、誰かが操作できるような類のものではありませんし、「現在地」の正しい認識は10年後とか50年後とか、いくつか先のうねりから振り返らないと評価できません。

少し回りくどい言い方になってしまいましたが、世の中には「その時代を取り巻く空気や、行動の起点となりやすいテーマ」があります。テーマは、企画するうえで大枠のヒントとなります。

ちなみに、近年の日本のテーマは

「孤独」と「デフレ」だと私は考えています。これは「今」というより、10年20年スケールのうねりで徐々に醸成されてきた現在地ですから、急に変わるものではないと思っています。個人もコミュニティも、その存在や影響の大小に関わらず、すべて「孤独」と「デフレ」の波の上で揺らいでいます。

「孤独」というテーマには、「不安なのは孤独死がチラつくからだ」「他人から孤独だと思われたくない」「好きでもないのに一緒にいたい」「大勢でいるときこそ孤独を感じる」などの気持ちがすべて包括されます。映画やドラマで描かれる題材はもちろん、SNSで〝いいね〟を求める承認欲求も、孤独の上に揺らいでいます。これは「社会の個人化」による影響や「SNSによる虚像の可視化」など、様々な社会的背景があります。

「デフレ」は、デフレーションの略で「物価が持続的に下落していく経済現象」を指しますが、とりわけ世界各国との相対比較ではその下落が顕著です。私なんかより詳しい経済学の専門家の本がたくさんあるので、そちらをご参考にしていただければと思いますが、ここではより広義に「あらゆるモノゴトの価値が下がっている」

という感覚で理解していただければと思います。

「安いものが欲しい」は一般的な感覚ですが、「高いものを買うのは悪だ」という考え方は健全とは言えません。「良いものには価値があり、相応に高い」というあたり前のことがまかり通らない空気があります。価値に相応の値がつかないというのは、モノだけではなく人に対しても、直接的にも間接的にも作用します。「頑張っても報われない」という感覚はデフレの揺らぎの上で感じやすくなります。それは、諦めのような気持ちと共に、ある種、達観したかのような錯覚に陥り、意欲を一層減退させていきます。


急に暗い話をしているようですが、ここでお伝えしたいのは「しっかり現在地の上にいることを感じながら企画をする方がいいですよ」ということです。これは、企画を多くの生活者に受け入れてもらいやすくするコツです。

「楽しい企画」「ポップな明るい企画」だったとしても、それに参加する人たちのほとんどは「孤独」と「デフレ」の波の上にいた人たちであり、その揺らぎの上に戻るのです。その波から、疑似的にでもすくい上げたり送り出してあげたりしてみてください。たとえば「みんなでわいわいバーベキュー」や「給料アップのための十カ条」のような企画を立てるとしても、ターゲットが「孤独」と「デフレ」の波に揺らいでいる認識があるか否かでは、刺さり方に大きな差がつくはずです。

そして、そんな波に揺らぐ現代の生活者にとって必要な、本質的なメッセージは「希望」です。「未来はきっとよくなる」「あなたの将来は明るいんだ」と感じさせることです。これはテクニック以前に「企画者である自分自身のお腹の底に持っておくべき大義だ」と私は思っています。

5年後にこの本を読んだ方が、「あー、そんな頃もあったよね。この本っていつ出た本？」と感じてくれることを願いつつ、共有させていただきました。

人を巻き込む

本章ではここまで「企画を届けるときに関わる人」についてお話ししてきましたが、「企画するときの人」について少しだけ触れておきたいと思います。

あたり前の話ですが、大きな規模の企画になるとひとりで実現させることはできません。企画を形づくるまでの間はひとりで行う作業もありますが、実現過程の多くで、他人の力を借りることになります。また、やろうと思えばひとりでできる企画内容であっても、協力してくれる人が多ければ多いほど、その企画は大きく影響力のあるものとして実現させることができます。そして、企画は内容そのものよりも、どれだけ多くの人が企画に協力してくれるかで成功するかどうかが決まる場合も多いです。ですから、細かい仕事が苦手な人であっても愛嬌があったり、人にうまく頼ることのできる「巻き込み力がある人」の方が企画者としては優秀と言えるかもしれません。

「巻き込み力のある人」というのはこれといった正解があるわけではなく「わがままだけどついていきたくなる人」「怖いけれど発言に説得力がある人」など、カリスマとか人間的な魅力などと言い替えられるものを持ち合わせている人なら、巻き込み力のある人だと言えます。「利害関係にない第三者が、知らず知らずのうちに巻き込まれてしまう」という状態をイメージしていただければ分かりやすいと思います。

「人間的な魅力が肝」なんて言うと、中には、自分に自信がなくて諦めたくなる方もいるかもしれません。性格やカリスマ性は「生まれ持った天性のもの」というイメージもありますよね。しかし、人間の性格や人格を研究するパーソナリティ心理学の分野では、「なりたい人を真似することで、そのパーソナリティに近づいていく」という研究結果があるそうです。持って生まれた性格を１００％変えてしまうことはできないそうですが、その気になればなりたい人格に近づけるということです。

少し話が逸れてしまうかもしれませんが、私は「人の性格や性質は変わらない」

と思っています。ですから、私は「なりたい人を演じる」ようにしています。たとえ私がネガティブな人間だったとしても、周囲の人が「ポジティブな人間」だと評価してくれれば、私は社会的にはポジティブな人になります。そういう意味では「社会において、自分という概念はない」というスタンスです。こんな話をすると変な人と思われるかもしれませんが、この考え方は企画業を営むうえで有利です。

企画を考えるとき「自分というバイアス」は邪魔になります。「自分があたり前だと思っていることが社会では少数だった」ということはよくあります。自分がマイノリティであることは決して悪いものではなく、今の時代では大切な個性になりますが、「それが少数であることや、どの程度のマイノリティなのか感じられること」は企画者として大切な素養です。そこにズレがあると、相手や社会に「自分の考えを押しつけがち」になります。ちょっとした炎上騒ぎはこうして起きます。

また、企画業はたくさんの人と関わりますし、たくさんの人と関わる方が有利です。ただ、たくさんの人と関わることはストレスにもなります。私は人見知りで、初対面のコミュニケーションに大きなストレスを感じるタイプです。できることなら、もう知らない人と関わらずに生きていきたいくらいです（笑）。ただ、それでは生きていけません。そうしたときに「自分を演じる」感覚はストレスコントロールをするうえでとても役立っています。

巻き込み力に自信のない人は、「自分に似たタイプで、巻き込み力のある人の言動や振る舞いを真似してみる」ことから始めるのが良いでしょう。

「巻き込み力」を上げるちょっとしたテクニックであり、本質的な方法は、周りの人に単純に「甘える」ことです。甘えるときには「自分にはできない、あなたのこういう部分が必要」と、目の前のその相手ではないとダメな理由を説明するとベターです。何だかんだ言いつつ「人は頼られると嬉しいもの」ですから、このように言われると断れなくなってしまいます。

なお、このような頼り方をした場合、最後まで頼り切るというところは大切なポイントです。自分が逆の立場のときのことを考えてみてください。誰かに頼られ「よし助けてやろう」とその気になって腕まくりしたのに、途中で退かれたり自分の知らないところで進められたりしていたら腹が立ちますよね。

これはただの思い出程度の話ですが、私が会社員の新入社員だった頃、初めて会社の宴会を任された時のことです。宴会の盛り上げ方が分からず、宴会仕切りが得意だった先輩に、企画づくりを相談していました。その先輩は、頼られたことを快く思ったのか、多忙の中で長い時間、宴会の企画づくりに費やしてくれました。もちろん嬉しくはあったのですが、同時に申し訳なく思ってしまいました。そこである日私は、「申し訳ないので、そこまでしていただかなくて大丈夫です」と伝えたところ、その先輩は「じゃあ自分でやれよ」と怒ってしまいました。その怒りに唖然とした記憶がありますが、私にとっては一事が万事、人に何かをお願いする際の教訓になっています。

これはコミュニケーションの話ですが生産性の話でもあります。もし相手を頼るなら、頼り切った方が相手が気持ちよく力を発揮できて上手く進みますし、結果として生産性も上がります。

CREATIVE DECISIONS

第3章

伝わる企画

chapter 3

Communicative Planning

企画は、伝わらなければ意味がありません。逆に「伝えたいことがあるから企画がある」とも言えます。

先ほどの第2章では、「企画は人の感情と密接な関係にある」ことをお話ししました。私は、「自分や生活者の感情バロメーターが大きく動くもの」でなければ、そもそも企画として成立し難いと考えていますが、一方で「これはあなたの感情を動かすものですよ」ということが相手に伝わらないと、せっかく企画しても見向きもされないまま終わってしまいます。

「伝わる企画」「伝わりやすい企画」にはいくつか共通点があります。たとえ「尖った企画」でも、この共通点をうまく使っていくことで、多くの人に伝わりやすくすることも可能です。ここからは実践的なテクニックも含めて「伝わる企画」についてお話ししたいと思います。

「フリ」のある企画とない企画

企画には「フリ」のある企画とない企画があります。「フリ」とは落語やお笑いの世界でよく使われる「フリ」と「オチ」のことで、「話のオチ」に向かって張られる伏線です。小説やドラマではすべての作品で、この「フリ」と「オチ」の構造が使われます。どの話も「オチ」に向かって進みますが、「オチ」以外のパートはほぼすべて「フリ」だとも言えます。それくらい「フリ」は重要なものですが、企画の世界でも「フリ」はとても重要です。企画ターゲットのモノサシを利用したり、多くの人が知っていることをフックにつくられた企画のことを「フリの効いた企画」と言います。

独自で「フリ」を貯めていくテクニックもありますが、ここでは「すでに知られていること」を「フリ」として利用するお話をします。この「すでに知られていること」は企画者とターゲットで事前に共有できる、いわば「約束事」として力強く機能します。

たとえば、「コウスケ先輩が糖質制限ダイエットをする」とします。これは部員たちを驚かせます。「おうちでラーメンデート」の記事を書き始めていたショウコさんもビックリです。これはコウスケ先輩が無類のラーメン好きだということを「みんなが知っていた」、つまりフリがあったからみんなが驚いたわけです。部員たちは「何で⁇」とダイエットする理由が何かまで興味を持つことでしょう。もしこのフリが効いてなかったら、「ただのイチ営業企画部員がダイエットする」だけの話です。興味も湧きませんし企画にはなりません。ちなみにコウスケ先輩がダイエットする理由は、キラキラインスタグラマーのモモコさんに告白するためだったそうです。これには部員一同さらにビックリです。

フリの効いた企画は成功確率が大きく上がります。私がプロデュースした『伯方の塩』のプロモーション企画を例にお話しします。『伯方の塩』といえば、長年ＣＭで使われてきた、「は・か・た・の・し・お！」という野太い声を思い浮かべる人が多いでしょう。これから行われるであろう企画のことは知らなくてもこの「は・

か・た・の・し・お！」は「すでに知られていること」です。これは『伯方の塩』というブランドの大きな資産です。

そこで私は、「この資産が伯方の塩のプロモーション企画のフリとして使えるのではないか」と考えました。もし、この声が変わるとなれば「どんな声になるのだろう」と多くの人が気になるはずですから「伯方の塩二代目声優オーディション」という企画にしたのです。

この企画はTwitterで展開させたのですが、大きなバズを生み、ほとんどのワイドショー番組で取り上げられるなど、広告効果10億円とも20億円とも言われた結果に結び付きました。もし「は・か・た・の・し・お！」という野太い声が聞き覚えのないものだとしたら、誰も気に留めなかったはずです。

また、私は今「日本昔話のその後」という企画を進めています。たとえば「桃太郎が鬼退治をした後、実は桃太郎が鬼族の血を引く者だったことが判明。村から追い出されてしまいます。～その後の桃太郎の物語」とか、「浦島太郎はおじいさんになってしまいました。しかしその後、別のおじいさんに声をかけられます。なんと、そのおじいさんも同じ目に遭っていたのです。そして再び竜宮城を行く方法があることが分かりました。~その後の浦島太郎の物語」です。いかがでしょうか。少しだけ興味が持てませんか。あれ？そうでもないですかね。いずれにせよ、聞いたこともない「梨次郎のその後」とか「浦丘次郎のその後」だとまったく興味は湧きません。

「日本昔話のその後」をどんなメディアでアウトプットするか未定ですが、興味のある方、パートナー募集中です（笑）。

ちなみに「その後」は、何かに繋げるだけで企画になる便利な単語です。「大事件のその後」「宝くじ高額当選者のその後」「コウスケ先輩告白のその後」などなど。言われてみればちょっと気になりますよね。少し流行ったことや話題になった出来事に引っかけると簡単に企画になります。

すでに知られている、いわばフリが効いているものというのは「人々の感情が既に結び付いているもの」だといえます。ですから、何がフリになっているかを意識すれば、そこに少しのギャップを与えることで人の感情を大きく揺さぶることができるのです。

お気づきかもしれませんが、ここで「コウスケ先輩のダイエット」を例えに使えたのは、この本でずっと架空の人物「コウスケ先輩」のキャラクターを紹介し、少なくともこの本の読者には「すでに知られているフリ」として機能する状態になっていたからです。

「みんなが知っている」は大きな資産

「みんなが知っている」価値について、もう少し大きいスケールで話を続けたいと思います。今さらですがインターネットには様々な革命的利点があります。「ボーダレス」だったり「ストックコストが低い」など、世の中を変えた特徴がたくさんあります。

その中でも、「企画」というフィールドから見たとき注目すべきなのは、「マイノリティ同士が繋がりやすくなった」ということです。今までは物理的距離のせいで、小さなコミュニティの住人は手を上げてもその存在に気づいてもらえませんでした。小さなコミュニティ同士が互いを発見し、仲間を見付けやすくなりました。

ニッチな趣向の共有は、とても満足度が高いですから、コミュニティから出ていく必要がありません。ニッチな情報の中だけでも生きられるようになったので、「みんな（コミュニティ外の人）が知っているから私も知らなきゃ」ということもありません。「みんなが知っている」ことに必要性がないのです。

私はこの先、「みんなが知っている」ものは生まれないのではないかと考えています。すると今度は「みんなが知っている」ことが少なくなりますから、「みんなが知っている」ことが貴重なものとなり、どんどん価値が上がっていきます。企画を考えるうえでも「みんなが知っている」ということは上手く利用することをお薦めします。

具体的にどんなものが利用できるでしょうか。「みんなが知っている」ものの多くは誰かが権利を持っています。『ドラえもん』も『鬼滅の刃』も『読売ジャイアンツ』も、勝手に商品名として使うことはできませんよね。でも、タダで使えるもの

［※01］地理的表示保護制度

品質や社会的評価など、確立した特性が産地と結び付いている産品について、その名称を知的財産として保護する制度。神戸ビーフや市田柿など。

もたくさんあります。たとえば場所の名前です。「銀座」「北海道」などは、それだけで価値があります。また有名な場所の名前には、楽しい想い出・悔しい記憶・憧れる想いなど、誰しも想い出や思い入れがあったり、その土地にまつわる感情を自然と想起させることができます。時代を象徴するような名曲のタイトルに「横浜」や「六本木」などの地名が使われてるのは同じ話です。場所の名前以外にも、エピソードや歴史など、みんなが知っているものはいろいろあります。地理的表示保護制度［※01］や景品表示法に気をつけつつ、利用してみてください。

自分をペルソナにする

マイノリティ同士が、インターネットによってそれぞれ繋がれるようになったことで、ビジネスに十分な規模のマーケットがたくさん誕生しました。また、大手流通やマスメディアの論理で「これは大衆受けしない」と切り捨てられていたニッチな需要に応えられるインフラも整っています。このことで「自分をペルソナにする」

という企画の考え方が可能になりました。

マーケティングをするうえで、広範なターゲット像では不足だとして「ペルソナ」を設定することが多くなってきました。ペルソナとは、サービス・商品の典型的なユーザー像のことで、名前・年齢・ライフスタイルなど人物像を深く詳細に設定することにより、ユーザーニーズを明確にできるという手法です。

一般的にペルソナは、ターゲット層の属性に合わせて架空の人物を設定しますが、所詮は架空の設定ですから、上手くいかないことも多いです。「だったらいっそのこと自分自身をペルソナとしてしまおう」という方法です。自分が顧客だとすれば、細部も深部もあたり前に解ります。でも、自分をペルソナにすると独りよがりになってしまいそうです。そうです。敢えて独りよがりに企画を考えてみてください。

数字で見てみましょう。自分と同じことを感じている人は意外と多いものです。「日本人1億人が全員共感してくれる」ということはまずありません。では「自分と同じことを100人に1人、つまり1%の人が考えている」としたらどうでしょう。

いや、自分はもっとレアな存在だとして1万人にひとり、0・01%だとしたらどうでしょう。それなら自分と同じことを感じてる人はいそうですよね。その人が日本には1万2000人いる計算になります。

1万2000人が1000円ずつお金を払ってくれれば1200万円ですから、十分商売として成り立ちますよね。自分の深い部分で強く共感できることなら毎月1000円使ってくれそうです。そうなれば年間1億4400万円です。

自分をペルソナにして企画するときのポイントは、思い切ることです。せっかく自分自身をペルソナにしたのですから遠慮はいりませんし、変なプライドも捨ててください。「世間では流行っているけど自分はめちゃくちゃ嫌い」「自分はこれさえあれば生きていける」など、自分の深い部分で大きく感情の振れるようなこと、そして「それだったら絶対お金使っちゃうな」というようなことを掘り起こしましょう。「これは自分しか考えていないのでは？」と思うことの方が良いです。

「自分をペルソナにする」のは独善的な企画立案ではなく、あくまで「ニッチな趣向の人に伝わる生活者目線の考え方」として理解してください。

「置き替える」という最強の企画手法

企画を考えるとき、「結び付ける」ことが王道の手法として有名であることはお話ししました。実はもうひとつ「今まであまり言語化されてこなかったけど実は多用されている手法」があります。それが「置き替える」ということです。

ひとつだけ何かを置き替える

「みんなが知っているもの」から、何かひとつの要素を置き替えると、それだけで企画になります。テレビ番組の例でいうと、同じような企画でも日本人がやっていたことを外国人に置き替えた企画が多くあります。たとえば「街行く人にインタビューする」という企画を「街行く外国人にインタビューする」だとまったく違う企画のように見えますよね。置き替えられるものは、企画内容だけではありません。

「テレビ番組の企画をYouTubeの企画として置き替える」など、同じ内容でもメディアを置き替えることでも企画として成立します。たとえば、世界中の驚きの事件やエピソードを紙芝居形式で見せることで人気の「YouTubeマンガ」も、ネタや文法はテレビ番組のそれと同じです。

「昼」を「夜」に置き替える、「パン」を「米」に置き替える、「ナイフとフォーク」を「箸」に置き替えるなど、何でも置き替えることで企画になります。実際に、昼を夜に置き替えたのがナイトプールですし、ライスバーガーはバンズを米にしたものです。他にもナイフとフォークを箸に置き替えることで人気を獲得した創作料理のレストランなど、置き替えることで企画になっているものがたくさんあります。

何かを置き替えた企画は、一見新しいもののように見えますが、どこか既視感を覚えます。既視感というとネガティブなようですが、企画にとっては大きな武器になります。人間にとって、まったく新しいものを受け入れることは本能的にとてもハードルの高いものです。そのため、何かを置き替えた企画は「接触のハードルが下がって人が受け入れやすく、伝わる企画になる」という利点があります。

「みんなが知っている」ものを分解して、置き替えられるところがないか考えてみてください。新鮮に感じたり、便利さが出たり、もっと言えば「そもそも何でなかったんだ？」みたいな瞬間があります。それはヒットの予感です。すぐに実現してください。

まるごと置き替える

「ひとつだけ置き替える」のではなく「まるごと置き替える」という方法もあります。「新しい概念をつくる」という方が正しいかもしれません。

分かりやすいところでは、小麦で作った麺があります。世界中に小麦からつくられた細い麺状の食べ物がありますが、それぞれ名前がありますよね。「うどん」と「きしめん」はそれぞれ名前があり別の食べ物ですが、もし「きしめん」という言葉がなかったら「平らなうどん」と呼ばれていたでしょう。「フェットチーネ」と「リングイネ」も別の食べ物ですがリングイネがなかったら「幅の狭いフェットチーネ」

と認識されます。

モノ以外でも同様です。「ライブとコンサート」の違いや「散歩とウォーキング」の違いも、言葉があるから違いが明確に認識されるようになりました。

「概念は言葉から」といいますが、言葉がなければ別のモノとしては認識されません。たとえば、ビニールで出来た畳がありますが、これは「ビニール畳」と呼ばれています。もしこれを示す言葉として「ビニみ」のようなものがあれば、それは畳とは別のモノとして認識される可能性があります。

先ほどご紹介した「DIMENSIONING」というボディチューニングのブランドは、まるごと置き替えた例です。北川氏のしていることは、「整体や理学療法のスゴイ版だよ」という方が伝わりやすいかもしれません。でも「スゴイ整体師」や「スゴイ理学療法士」はたくさんいますよね。たくさんい過ぎて実際にスゴイかどうかも分かりません。ちなみに北川氏のしているボディチューニングは、整体や理学療法のそれとは違うという自負もありました。そこで新しい概念として「DIMENSIONING（ディメンショニング）」という言葉を創り、掲げることにしました。まだ知名度の低い概念ではありますが、新しい概念にまるごと置き替えることによって、新たな企画になったわけです。

ちなみにこの手法は、別の言葉に置き替えることが良いケースと悪いケースがあります。別の言葉に置き替えたがために、逆に分からなくなったり伝わらなくなったりすることもあります。「ビニみ」のように、実は「ビニール畳」の方が伝わりやすくて適切になっているケースもよくあります。

しかしビジネス的な観点で言えば、まるごと置き替えることは伝わりにくいデメリットがある反面、伝わったときの破壊力はすさまじいものがあります。新しい概念のオリジネーターになれることは資産的価値が無限大ですし、それは企画者冥利に尽きます。

まずは、昔からあって少し使い古された印象のある言葉を探して、置き替えることにチャレンジしてみることをお薦めします。

主語を逆転させる

世の中の商品やサービスは、消費者のニーズに応えたり、生活者からニーズを掘り起こしたりして出来ています。ニーズには「こうしたいな」「こんなのあったら便利だ」という目的がありますから、出来上がった商品やサービスにも固定的な目的があります。回りくどい言い方だったかもしれませんが、たとえば喫茶店は「お茶を飲むこと」が目的ですし、居酒屋は「飲食すること」が目的です。しかし、ユーザーが企画者や運営者の予想だにしない使い方や楽しみ方を見出すことがよくあります。だったらいっそのこと「当初の目的を替えてしまう」、つまり「主語を逆転する」と生活者には新鮮に見えて新しい企画になります。

分かりやすい例では「まんが喫茶」でしょうか。喫茶店では「くつろぎたい」というニーズがありますから、その補完アイテムとして新聞やマンガを置くようになります。レアなマンガや懐かしいマンガがあったり、それが全巻揃っていたりすると、マンガを読む目的で喫茶店に通う客が増えてきます。そのままでは「マンガがたくさん置いてある喫茶店」ですが、「ドリンクが飲めるマンガ店」と主語を逆転させるとまったく異なった業態になります。
居酒屋やバーでは、飲食もしますが、新しい恋のきっかけだったり、素敵な出会いを少し期待して行ったことのある方も多いと思います。この食事目的と出会い目的を逆転させて出来たのが相席屋などですよね。

私が現在この方法に従って企画進行させているのは「トイレカフェ」です。カフェはコーヒーやお茶を飲むことが基本的な目的ですが、トイレを使いたくて行く方も多いと思います。特に女性はトイレを使うときに「化粧直しをしたい」などの目的もあります。そこで、飲食スペースとトイレスペースを逆転させた「広くて綺麗な有料のトイレがメインのカフェ」を展開したいと思っています。行きなれた街なら「あそこのホテルのトイレが綺麗だ」とか「駅前ならあの百貨店の5階が安心して使える」という自分なりの緊急避難先のような場所を知っています。しかし、見ず知らずの土地では困りますよね。「トイレカフェ」はチェーン店としてどの街や国でも、どこでも似たような様式とビジュアルで展開します。旅先や知らない土地でも安心して使えるトイレカフェです。

もうひとつ考えているのは「神社のお焚き上げ」です。私はたまに神社へ参拝にいきますが、古いお守りや捨てにくいものを処分するときに、お焚き上げを有難く利用しています。人口減少もあり、維持が困難になっている神社はかなり多くなっています。主語逆転の発想に従って、お焚き上げはひとつヒントになるのではないかと考えています。

ご興味ある方、どちらもパートナー募集中です（笑）。

自分が利用していて、その業態本来の目的と違う部分で利便性を感じていることがあったら、それはチャンスです。ぜひ企画してみてください。

「違和感」しか気にならない

企画するときに「違和感」を使う方法があります。一般的に物事は「綺麗で、ツルツルしていて、すんなり入ってきて、のど越しの良いもの」が良いとされますよね。ガタガタしている椅子には座りたくないですし、液晶が一部潰れたモニターで作業はしたくないですし、のどがイガイガするものは食べたくないです。縁の欠けたカップでコーヒーは飲みたくないし、下手な運転の車に乗ると酔うし、怖いですよね。

いい椅子に座って、使い慣れた綺麗なパソコンで作業して、普通のカップでコーヒー飲んでいるときはそれぞれを意識しません。「この椅子は木で出来ているな」とか「このカップは白いな」とかいちいち思いません。違和感がありませんから「何かに気づくこと」はないのです。ということはつまり「違和感があれば気づく」ということです。

人の脳は、ある情報が入ったときに、すでに脳内に刻み込まれている情報とズレていたり、おかしいと感じたりするときに活性化するそうです。言語的には説明できなくても、非言語的な感覚として脳に違和感を届けてくれるようにできています。

［参考］

企画は誰かに気づいてもらわないと企画になりませんから、「違和感」を意識的に使うことで、生活者に注目され伝わりやすくなります。これはクリエイターと言われる職業の人たちはあたり前に使う技法ですし、むしろ無意識で使っている場合もあります。たとえばファッションで差し色を使ったり、音楽でいえば、ちょっとした不協和音を使ったりテンポを少しだけずらすことはよくあります。これらは違和感で目や耳に印象付けするテクニックです。

違和感はどんなものでも出すことができます。「大きさ」「形」「色」はイメージしやすいと思いますが、「急に」とか「妙なタイミング」などの「時間」も使えます。「急に大きくなった」とか、「突然動いた」などほかの現象と合わせて使うこともできます。

違和感はどんなシーンでもいつでも使えますが、注意したいのは「違和感だらけになるとそれは違和感ではなく、そもそも『和』がない状態になってしまう」とい

［参考］
『BRAIN DRIVEN：パフォーマンスが高まる脳の状態とは』
青砥瑞人［著］　ディスカヴァー・トゥエンティワン

うことです。差し色を10色使ったらコーディネートされていないものですし、不協和音だらけでテンポもバラバラだったらそれは「曲」ではないですよね。「違和感を巧みに使う」なんて言うと少し高度なテクニックと感じるかもしれませんが、「人に気づいてもらうようにちょっとキモチ悪くする」くらいの感覚でやってみてください。「これいいんだけどさ、ここだけ何かキモチ悪くない？」と言われたら、むしろ当たる可能性がありますよ。

内容なんかより「画」で勝負

企画を考える場面はいろいろありますが、「商品やサービスを多くの人に知ってもらうためのプロモーション企画」を考えるケースは多いと思います。そのために覚えておいて欲しい鉄則があります。それは、その企画が画像や映像で目を引くものになっているか、つまり「画（え）になるか」ということです。

プロモーション企画を考えるとき、期待することのひとつに「企画をきっかけとしてテレビやネットニュースなどのメディアで取り上げられ、大きな広告効果を得ること」だと思います。では逆の立場で考えてみてください。自分がテレビのディレクターやネットメディアの記者や編集者だったとしたら。自分が取り上げたネタが、たくさんの人に見られたり読まれたりすることを考えますよね。「情報として珍しいとか新鮮だ」ということは意識すると思いますが、それよりも「目を引く画像や映像」があった方がより一層取り上げたくなりませんか。

仕事でメディアに関わる方なら分かると思いますが、実は「内容」よりも「画」の方が優先度は高いのです。「映える画像」や「刺激的な映像」はＰＶや視聴率に直接的に作用します。何か自社の商品やサービスを宣伝する際、どうしてもスペックや仕様などの情報を売り込みたくなります。しかし、もしメディアに取り上げさせることを目的にしたプロモーション企画を考えるときは「画になるかどうか」を意識してください。

「うちの商品は地味だから映えない」とか「私のつくったサービスはオンラインだから映像にならない」と思う方が多いかもしれません。むしろそういう場合がほとんどです。その時は画になるものを創り出すのです。

商品が「地味な湯呑み茶碗」だとしましょう。もし在庫がたくさんあるのなら、たとえばそれを1000個並べてください。ただ並べてもいいですが幾何学的な美しい紋様や、かわいくハート型にしたらどうでしょう。写真に撮りたくなりませんか。

たとえば「オンラインの求人サービス」だとしましょう。「うちの会社の映えスポット」とか「看板イケメン男子」とかの特集があったら画像や映像を見たくなりませんか。

メディアは多くの人に伝えることが仕事です。「メディアが取り上げたくなる要素がある」ということは、「多くの人が目を引くような要素が企画にある」ということです。メディアは伝えにくい情報を伝わるように通訳するのが腕の見せどころですが、そもそも「伝わるネタ」であれば手間が省けますから喜んで「伝えて」くれるでしょう。

さきほどご紹介した「伯方の塩二代目声優オーディション」は動画で応募されるような設計にしてありました（もちろん音声でも可能ですがスマホで撮る以上、結果として動画で応募されることを想定していました）。多くの方が参加してくださったのはもちろん、面白ネタ風になっていたり、パロディになっていたり、かわいい子供が踊っていたりと、映像として楽しい動画がたくさんありました。これらの動画が多くのワイドショーで取り上げられました。それは画になる動画があったから「伝わりやすく」て、取り扱いやすかったからです。

もっと身近な例では、たとえば忘年会で司会する人が派手な衣装で登場したり、何かするたびにキモチ悪い妙なポーズを決めたりすると、参加者はとりあえずスマホで撮影します。それを家族や友人に「この人キモくない（笑）？」と言いながら見せたりします。これは「画になるから写真に撮って誰かに伝えたくなった」わけです。

このような流れを想像しながら企画すると多くの人に伝わる可能性が上がります。とりわけ視覚情報量の増えた現代では、人は情報よりも画を優先するのです。

「参加型企画」は「参加させられる企画」

プロモーション企画の文脈では、「ユーザー参加型の企画にしたいんだけど」と依頼を受けることが多いです。SNSが普及し、ユーザーと双方向でのコミュニケーションが取りやすくなり、参加型企画を実現しやすくなったことが背景にあるでしょう。

参加型企画を行うとき、一番重要なことは「生活者や消費者は基本的に参加型企画に参加したいとは思っていない、むしろ参加することは面倒だと思っている」ということです。参加型企画を成功させるコツは、参加するハードルを極限まで下げることと、参加者が「この企画は自分が主役になれる」と感じられるように設計することの2つです。

前者に関しては、参加までに必要な手順をできるだけ減らし、いかに面倒くさくないかにこだわることが大事です。たとえば自社商品のプロモーションを意図して「ユーザーに自社の商品を用意してもらって、映える写真をインスタで投稿してもらうように」と考えることはよくありますが、まず、家にないモノをそのためにわざわざ用意するなんて「めんどくさい」です。まず「〇〇させる」こと自体ハードルがあるのに、わざわざ「買わせる」なんてとてつもなくハードルの高い行為を要求していることになります。他にも「コンビニで〇〇してもらえば」とか、それならまだしも「自社のショップに来てもらって」なんて「超めんどくさい」です。

参加のハードルを下げるというのは、たくさんの人に参加してもらうためでもありますが、もうひとつ理にかなっている点があります。参加ハードルの高いキャンペーンには、高額な賞金や賞品、希少性の高いインセンティブが必要になりますが、参加者はそのインセンティブのみが目当てになってしまいます。訴求させたいのは将来のユーザーになってくれる人たちですから、一般生活者がカジュアルに参加できる設計にする必要があります。

そもそもユーザーとのインタラクティブな企画が多くなったのは「双方向でやりとりするハードルが下がったこと」が要因です。「双方向のやりとり」自体は「ハガキで応募する」「イベントに参加する」などSNSが普及するずっと前から存在しています。インタラクティブな企画が多くなったのは「めんどくさくなくなった」からです。SNSを使って「めんどくさく」するのは矛盾しているのです。

また、後者の「この企画は自分が主役になれる」と感じられるように設計するということについてお話しします。

現代の生活者は、自分が「主人公」になることがあたり前になっています。自分が好きなことや考えたことを発信し、それを多くの人に認めてもらうことが日常になっています。ですから、参加型企画では「参加するあなたが主役である」というメッセージを感じてもらうことが大切です。

さらに言えば、生活者に対して、そもそも「自分が主役である」ことを前提に「この企画に参加すればフォロワーが増えるかもよ」「自分のセルフプロデュースの役に立つよ」ということを感じてもらえればベストです。何かをシェアするときにその内容が「アート性がある」とか「前衛的だ」とか、「本能的におもしろい」とか「情報として意外性がある」とフォロワーに思われる内容になっていると良いです。裏を返せば「参加しているのがダサい」「参加することにセンスがないと思われる」と感じられる企画に参加する人はいないということです。内容も大事ですが「企画に参加するか」「シェアするに値するか」を直感的に判断されますから、ちょっとした言葉の選び方や画像のデザインで差が出ます。周囲の人に「パッと見」「パッと読み」でシェアしやすいか否か確認することをお薦めします。

「世界観」という衣装

企画を組み上げていくとき、企画全体を包む「世界観」を設定すると企画の伝わり方をコントロールすることができます。

企画における「世界観」には2種類あります。ひとつは「企画と親和性のある世界観を掛け合わせる」もの。もうひとつは「企画と無関係な世界観の土台を築く」ものです。

まず、「企画と親和性のある世界観をつける」目的は、「企画内容に既視感を与えて内容の説明を簡素化すること」です。イメージの共有が容易になり伝わりやすい企画になります。

たとえば「コウスケ先輩が新入社員相手に会社のことを教える研修」があったとします。しかし、これだけではどんな雰囲気の研修で、どんな手順で教えるのかイメージが湧きません。でもここで「小学校の教室」という設定をつけるとどうでしょう。「コウスケ先輩が教師」で「新入社員は生徒」という構図がすぐに想起されますよね。コウスケ先輩が黒板のごとくホワイトボードを使い、プリントのごとく書類を使って教えている様子や、やさしいコウスケ先輩が勢いのある新入社員にたじろいだりしている朗らかな雰囲気まで、一気にイメージが湧いてきます。さらに、この研修の実施を指示したユカ部長が教頭先生役で見回りに来たり、スグル社長が校長役になって、朝礼のごとく挨拶する展開まで考えられるようになります。会議室の入口に「オヨヨ小学校」と掲示したり、数日に渡る研修なら「日直」を順番に指名したりすると、新入社員も楽しんで参加できそうです。

「誰かに何かを教える」シチュエーションは「教室」だけではなく「大学の講義」

「予備校の講座」「寺の住職のお説教」など様々です。それぞれ世界観の違いによって、伝わる企画のニュアンスは変わってきますよね。自分が表現したい企画の内容や雰囲気と、相性の良い世界観をつけることで、微妙なニュアンスの伝わり方をコントロールできるようになります。YouTubeやテレビ番組でも「授業」や「講義」の設定はよく観ると思います。「誰かに何かを教える」という企画のみならず汎用性が高く使い勝手のよい世界観だからです。

次に「企画と無関係な世界観の土台を築く」目的についてお話しします。これは「凡庸と思われがちな企画にオリジナリティーを醸し出しブランディングすること」です。たとえばどこにでもありそうな「ラーメン特集」を「宇宙船で太陽系を旅する」という世界観で表現したとします。紹介するラーメンの一つひとつを、太陽系の惑星や衛星にたとえてムダにスケールを大きくしたり、「宇宙人が最もハマった地球の食べ物はラーメン」という謎エピソードを持ち込んだりすると、「よく分からないけど、とりあえず特徴のある企画」になります。これは先にお話しした「違和感」として人の記憶に残りやすくなりますし、「あのラーメン特集いつもアタマおかしいよね」と話題にもなりやすいでしょう。これは「企画自体の完成度が上がった」状態と言えます。

そして「企画と無関係な世界観の土台を築く」目的がもうひとつあります。それは「企画の大義を背負わせる」ということです。企画には大義が必要ですが、大義を正面から伝えようとすると「鬱陶しい」「暑苦しい」と感じさせることがよくあります。

たとえば先ほどの「ラーメン特集」の例で、大義が「ラーメン愛を広めたい」だったとします。でも生活者は「おいしいラーメン」や「安いラーメン」の情報が欲しいだけです。脈絡もなく「みんなラーメンを愛して！」と言われても鬱陶しいですよね。でも「宇宙人がなぜラーメンにハマったか」というファンタジー設定の中では「ラーメン愛」を「面白く記憶に残るカタチ」で伝えることができます。

『逃走中』や『ヌメロン』など私が創った企画の多くは「中二的」な「企画と無関係な世界観」がついています。単純に「私が世界観の構築が好き」だということもありますが、企画の大義を表現するときの自由度を高くする目的で加えた設定です。『逃走中』や『ヌメロン』はゲームコンテンツですから、大義が表現しにくい企画です。しかしそれだけに「なぜそのゲームをしなければならないのか」「なぜそのゲームが存在するのか」という大義が備わると、ほかのゲームとは一線を画した唯一無二のブランドを手にすることが出来ます。世界観がなかったら『逃走中』は「鬼ごっこ」ですし『ヌメロン』は「数当て」に過ぎません。

「世界観」はある意味で「衣装」のようなものです。人は見た目で内面を判断しますよね。ですから、たとえ人見知りで内気な性格でも、派手なコーディネートで活発なキャラクターを演じることが可能です。衣装によって自分の内面の伝わり方をコントロールできます。それと同じように、企画も衣装を纏うことで、企画者が企画の伝わり方をコントロールすることができるのです。

企画＝言葉

「概念は言葉から」というお話をしたとおり、企画を考えるうえで「言葉」はとても重要な役割を担っています。企画は「どんな言葉を使うか」によって、伝わる企画の印象は大きく変わります。日常生活でも、一人称が「私」なのか「オレ」なのか「吾輩」なのかで、その後に続く話の内容が同じでも、大きく印象が変わりますよね。

そもそも「言葉」という単語は「言（こと）」の「端（は）」が語源と言われていますが、「葉」という字が使われるようになったのは紀貫之が詠んだ和歌が「人の心から言葉が生まれる」様子を「葉っぱ」に例えたことからだそうです。まさに企画は「ことのは」の伝わりによって結果を大きく左右されます。

ここからは、企画を考えるうえで言葉の便利な使い方をいくつかお話ししたいと思います。

ダジャレから始める

ダジャレを考えるのは企画の思考法としては有効ですし、伝統的な手法です。ダジャレやそれに類似する商品名は数多くありますよね。「熱さまシート」（小林製薬）、「虫コナーズ」（キンチョー）、「ですかいシリーズ」（JAL）、有名なものでも数えきれないほどあります。その多くは商品開発の後、ネーミングの段階で後からダジャレにしているものです。ダジャレネーミングは言わずもがな「生活者に耳残りしやすく覚えてもらいやすい」という効果があります。それは商品名だけではなく、その効果効能や商品を使うときのイメージを同時に訴求できる効果もあります。

このように、ダジャレを考えるというのは「2つのことを結び付ける思考」だということです。ですから、逆に「ダジャレから始める」ことで具体的で現実的な企画を思い付くことができます。たとえば、パンのクロワッサン。美味しいですよね。私はクロワッサンにさらにバターを山盛りに塗って食べるのが大好きです。クロワッサンでダジャレを考えてみます。クリワッサン（栗ワッサン）なら「栗の入ったクロワッサン」。フロワッサン（風呂ワッサン）で「クロワッサン型のスポンジ」。クロオッサン（黒おっさん）だったら「パンのようなモノで巻かれた色黒おっさんキャラクター」。いくらでも出てきますよね。ま、黒おっさんがいい企画かどうかはさておきですが（笑）。いずれにしても、会議で煮詰まった時などは楽しい大喜利大会になりますし、先にお話ししたとおり「タイトルを先に決めておくことは企画においてアドバンテージ」になりますから、ダジャレから始めてみるのもお薦めです。

パワーワードを使う

企画には、それだけで企画になりやすい「パワーワード」があります。

［企画のパワーワード例］

肉・回転寿司・カニ・巨大・若返り・桜・黒・最新・美女・イケメン・ダイエット・

北海道・沖縄・ハワイ

例を見ていただければ「あ、なるほど、パワーワードか。そういうことね」とご理解いただけるのではないでしょうか。「理由なく人が興味を持つワード」ということです。たとえば、「何食べたい？」と聞かれたときに「焼肉！」と答えて「何で？」となる人はいないでしょう。「モロッコ料理！」となったら「え？ 何で？」となります。私はタジン鍋が好きなのでたまに言うと必ず理由を聞かれます。

私が企画した『有吉の夏休み』の行先はハワイにしました。「なるほどハワイね！いいね！」となり、特段説明する必要がありません。もしこれがハワイ以外であれば「なぜ今その地に行く必要があるのか」「どのくらい魅力的なところなのか」視聴者や決裁者に対して説明が必要になるでしょう。そのほか場所で言えば「北海道」はとても強いワードです。百貨店の催事で「物産展」は人気企画ですが、その中でも「北海道物産展」の集客力や売上は圧倒的だそうです。最近の外国人旅行者にとっても、北海道は「日本のイチ観光地」ではなく、あくまで別の存在としてブランド化された「ホッカイドウ」なのだそうです。

知人の旅行会社の人は、一番人気の国内旅行はカニを食べるツアーで「パンフレットにはとりあえずカニを載せる」と言っていました。以前、一般投票で人気温泉宿を決める企画をしたのですが、1位の宿は「蟹御殿」でした。

このようなパワーワードは、「なんで」と言われても正直困ります。ですから普遍的だとも言い切れません。ただ、私の経験の中において上記したパワーワードは間違いなく「使えます」。

パワーワードはマス的でありながら生活者に深く刺さる可能性を持った言葉です。「当たる確率とバズるエネルギーはトレードオフの関係だ」というお話はしましたが、そういう意味ではパワーワードは例外と言えます。

パワーワードはマス的ではありますが、年代やジェンダー、地域によって差異がありますし、イレギュラーなものもあるでしょう。オリジナルのパワーワードを集めておくと、何か企画するときの瞬発力に繋がりますから、とても重宝すると思います。

最強のパワーワードは「今」

実は、もうひとつ最強のパワーワードがあります。それは「今」です。スーパーパワーワードです。「今」という言葉をつけると、流行っている感じも演出できますし、生活者は「取り残されたくない」と感じます。人は「損をしたくない生き物」ですから、「今」があると、「知らなければ損だ」という印象を与えることができます。「今こそ」「今だけ」「今だから」「今なら」などなど、こんな言葉に「釣られた」経験はありますよね。

「今」という概念についてパワーワードの文脈で紹介しましたが、実は「今」を意識することは、企画を考えるときの本質です。

人の動機にはいろいろあります。「儲かりそうだから」「売り切れちゃうから」「頼まれたから」などなど。しかし、そのきっかけに対して「いつ」行動するのかは別です。どれも「1年先でも結果が同じ」だと約束されているものなら、ギリギリまでやらないですよね。夏休みの宿題と同じです。現代人はたくさんの情報に囲まれて「忙しい」ですから、行動の優先順位は締め切り順になるのが常です。「5年以内にこれを買っておけば値上がりして儲かります」「3年後には売り切れそうです」「1年以内にやっておいてほしいな」という状態と、「今すぐ買えば儲かる」「今買わないと売り切れる」「今すぐやってほしい」という状態はまったく別モノですよね。これを企画の思考に当てはめてみてください。後者は企画になりそうですが、前者は企画の匂いがまったくしませんよね。

そもそも、企画というものは「今」という言葉がタイトルになかったとしても、潜在的に「今だからやりたい」だったり「今こそやるべきこと」だったり「今なら興味が持てること」なのです。ですから、企画を考えるとき、言葉として「今」というフレーズを使わずとも「なぜ今なのか」を説明できるようにしておくことが大切です。「春だから」「年末だから」「このテクノロジーが生まれたから」など、「なぜその企画を今やらなければいけないか」という理由がないものは企画とは言えないかもしれません。

ひとつ注意しておきたいのは、「〇〇周年」という言葉です。その企業や商品にとって周年は「今」なのですが、生活者にとっては何の関係もありません。「なぜ今」を考える際は、それが生活者にとっての「今」であるかどうかを併せて考えるようにしてください。

また、企画する方法のひとつとして「置き替える」ことはお話ししましたが、昔当たった企画は当然、当時の「今」があって、当時だから当たったわけです。ですから同様の企画で、当時の「今」の部分を、現代の「今」に置き替えると当たる企画になる可能性が高いです。昔の企画を分解して、「主体となる人」「主体となるモノ」を今に置き替えてみてください。当たる可能性は高いです。

漢字・ひらがな・カタカナ・アルファベットのバランス

企画名を考える時、意外と忘れられがちなのが漢字・ひらがな・カタカナ・アルファベットのバランスです。漢字は硬派な、ひらがなは柔和な、カタカナはシャープな、そしてアルファベットはスタイリッシュな印象を与えることができます。これらのバランスによって、企画性そのものが変わってきます。

文字のバランスは、企画名だけでなく、企画書を書く時にも、意識すべきポイントです。過剰に漢字変換したり、ムダにカタカナが多い企画書もありますが、受け手にどのような印象を与えたいのかで決めるものです。

本書のタイトルとサブタイトルは『企画——いい企画なんて存在しない』ですが、『キカク——イイ企画なんて存在しない』『ＫＩＫＡＫＵ——いいキカクなんてソンザイしない』だと随分印象が変わりますよね。ちなみに本書が最終的に『企画——いい企画なんて存在しない』になったのは、「長く読み継がれる普遍的な内容の本にしたい」「ノウハウのみを語るものではなく人の生き方にも通じる内容にしたい」という想いからです。ノウハウ本でしたら「キカク」の方がテクニカルで実践的な印象になると思いますが、本書はノウハウ以前の普遍性を想起させたかったので、王道の文字バランスを取ることにしました。

ちなみに前作『人がうごく コンテンツのつくり方』のタイトルは、「うごく」と「つくり」の部分をあえて漢字ではなく平仮名にしています。これは人を「動かす」のではなく、人が能動的に「動く」ようにすることが主旨だったので、強調するために「うごく」と平仮名にしました。一般的に漢字で表記される単語を〝ひらく〟と、違和感によって目を惹くことができます。

また「つくり」を平仮名にしたのは「作る」「創る」「造る」を総称したかったからです。実は当初、本文中では「つくる」意味に応じて「創る」「造る」など使い分けていたのですが、編集判断として「分かりやすさ」を優先し「作る」にしようとなりました。しかし私は「〝創る〟と〝作る〟には絶対的な違いがある」とこだわりを持っていたので折衷案として「つくる」になりました。

余談ですが、このタイトルについては、エゴサーチし難いというデメリットがありました。読者がＳＮＳで感想を書いてくれるとき「つくり」が「作り」になっていたり「うごく」が「動く」になるからです。ツイートするときにその辺りはどうでもいいですもんね（笑）。本書も「企画」なんて検索しても捜索不可能なワードですから、どうエゴサするのか悩んでいます。「エゴサ」は企画者にとって重要なアクションです。詳しくは後にお話しします。

話が逸れましたが、ここでお伝えしたかったのは、生活者に対してもクライアントに対しても「自分の企画イメージを共有できるチャンスはすべて貪欲に利用する」ということです。人は情報のほとんどを視覚で捉えています。そして文字は読まずに観ています。

そういう意味では企画書段階でも先にタイトルロゴをつくってしまうのも有効です。イメージが伝わりやすいですし、本気感も伝わります。ロゴデザインができない方も多いと思いますが、最近は安価でロゴ制作をしてくれる方も多いです。私も「これは」と思う企画についてはクラウドワークスで外注してロゴを先につくります。コンペ形式にするとたくさんのロゴが集まります。すると自分のイメージを凌駕するすばらしいロゴに出会えたりします。そのロゴからさらにイメージや企画自体が膨らんだりすることもあります。ロゴができると自分自身も高揚しますし、チームの士気も上がるのでお薦めです。

企画は言葉で資産になる

言葉は、企画やコンテンツと紐付いたときに、資産的な価値を持つようになります。たとえば「旨そうなラーメンを悲しそうに眺める人」はただの言葉ですよね。誰かの所有物になっている認識はないと思います。ショウコさんが「ダイエットに励むコウスケ先輩を活かす企画」として考えた「旨そうなラーメンを悲しそうに眺める人」には、価値が生まれます。分かりやすく言えば、「旨そうなラーメンを悲しそうに眺める人」というハッシュタグがインスタやTwitterでバズったとします。多くの人が「悲しそうな表情」を面白おかしくイジって楽しみます。そのとき「旨そうなラーメンを悲しそうに眺める人」という言葉は大きな価値を持ちますよね。「企画に紐付いて生まれるであろう価値」はしっかり自分のものにしておくことが大切です。

企画に人のような姿や戸籍はありませんから、少なくとも企画初期においてそれがオリジナルだということを示すものがありません。逆に言えばいくらでもマネをすることができますから、「企画」自体はとても脆弱です。コンテンツとして実在する製品になったりすれば、商標や意匠の登録をして、コピーライト（著作権）表示をすることでオリジナルだと認識できるようになりますが、より広義な「企画」は個体識別される性質のものではありません。

そのときに取りたい対策として「ワードの獲得」があります。近年の生活者は何かに興味を持った時、まず検索します。そうしてある〝ワード〟の検索量が増えたときに、その結果を自分たちの利益として最大限取り込むということです。企画を生業にするとき、「ワードの獲得」は実践的な戦略で、いわゆるＳＥＯ対策を先行して行うようなイメージです。ライバルとなる他者に類似企画を進められたり、同様のワードを使われてしまっても、消費者の検索結果に対して上位に表示されたり、関連するコンテンツや情報をまとめておいて、検索したユーザーを取り込む準備をしておくということです。言わずもがな「言葉そのものが企画となっている」ような場合には必須となります。

〝ワード〟の価値は日々高まっています。インターネット社会において、企画の価値は「付随するワードをどれだけ占有できているか」にあります。企画を考えるとき、ネット上で「ワードを獲得すること」を意識しておくことは重要です。

困ったときの応急テクニック8選

ここまで、私なりに再現性があるノウハウをお話ししてきたつもりですが「もっと簡単な企画法を教えろよ」と思われている方もいるかもしれません。ここで簡単な企画法をまとめてお伝えします。上手く・やさしく・最速で出来る企画法です。吉野家みたいですね。

会話の中で、突然企画を求められることもよくあります。「こんなことで悩んでるんだけど、何かいいアイデアないかな」みたいな感じで、10秒で説明された課題に1秒で案を出さなければいけない状況です。そんな瞬発力を求められる場面で、私が実際によく使っている企画の組み立て方です。パワーワード同様に汎用性が高いので、知っておくと便利かと思います。

4つの普遍欲×関係ないもの

人間には、時代や場所を問わず、普遍的な欲が存在します。人間の「三大欲」なんて言ったりしますよね。それと近いもので、企画に対して「人が理屈抜きで興味を抱く普遍的な要素」があります。それは「お金・食・性（モテ）・ナショナリズム」の4つです。ちなみに、ナショナリズムには排外主義的な愛国心だけでなく、もともとの語源である郷土愛も含みます。この普遍欲は、それだけでも企画になります。何でもいいので思い付いた単語にこの4つをかけ合わせてみてください。仮にイメージが意味不明のものになってしまっていても少なくとも「なんだろう」と興味が湧く企画になっているはずです。

掛け合わせとして、それぞれと関係なさそうなものや、概念的に遠くにありそうなものと組み合わせると大きな効果を発揮します。たとえば「葬式でモテる」「ゴミで金儲け」「世界が羨む日本のスクワット」なんて一見意味不明ですが、「葬式」や「ゴミ」や「スクワット」に興味がない人でも、普遍欲と組み合わせることで、生活者のアンテナに引っかかる可能性は大幅にアップします。これは週刊誌の見出しなどでも長く使われてきた手法です。どこか電車の中吊り広告で見たような気もしてくると思います。

「ランキング」と「2択」が最強のシステム

企画とは「情報」を「誰か」に伝える作業です。情報を伝えるにあたって、分かりやすく伝えるために「まとめ」ます。そのまとめる作業が企画だったりもするのですが、このまとめ方をよく「システム」と表現します。

たとえば「新着順にまとめる」「あいうえお順にまとめる」などのようにバラバラなものを分かりやすく見せるときには欠かせません。

そうしたシステムのなかでも、「ランキング」は最強のシステムです。ランキングで下の順位からランクアップして表示する形式は、「最後まで見ないと損かも」と感じさせます。あらゆるテーマで、「ベスト10」「ベスト3」と銘打つだけで、企画になります。「何を今さら」と言われるかもしれませんが、これを「システム」と認識しているかどうかで企画の完成度は変わってきます。ネット記事でもテレビ番組のコーナーでも「ランキング」だらけです。

私は「ランキング」は情報のまとめ方として人が見つけた最強の「システム」だと思っています。いつか「ランキング」を超える「システム」を編み出してみたいものです。

「システム」をもう少し広義にお話ししますと、ゲームの「システム」もあります。人がゲーム性を感じる「システム」は多様にありますが、その中で最強のゲームシステムは「2択」です。半分は勝ち、半分は負けという設定は、丁半博打なんて言葉もあるように、古今東西のギャンブルによく使われています。他にはクイズでも使われますよね。○×クイズは2択ゲームでもあります。もちろんクイズですから答えが分かれば正解を出せますが、仮に答えが分からなくても半分は正解ですから挑戦意欲は高まりますし、リスクが少ないようにも感じます。古くから名作クイズコンテンツには「2択」が巧みに盛り込まれています。「丁か半」「赤か黒」のように直接的な表現もありますが、結果としてプレイヤーや参加者に「2択」を迫っていく構造もよくあります。

人は「不確実性」を感じるとドーパミンが出て興奮します。加えて、人は選択肢が多いと選択に疲れて決定を先延ばしにしたり、決定すること自体を回避しようとします。これは行動経済学で「決定麻痺」という概念で説明されています。

有名な「ジャムの法則」という実験があります。スーパーでジャムの試食販売を行い、ジャムを6種類と24種類で比べたら、それぞれ購買行動に差が出るかというものです。6種類のときは試食後に30％の人が購入しましたが、24種類のときは3％の人しか購入しませんでした。購買行動においても選択肢が多いことはネガティブに作用します。

ゲームのみならず「人に選択を迫る企画」を考えるときは選択肢の数にこだわることをお薦めします。

ライバルをつくる

企画するとき、唯一無二のことを考えたくなるかもしれませんが、同様の事柄が複数あるのは決してネガティブではありません。むしろ何かを流行らせたい時は「最初からライバルの構造を設計する」という方法があります。

たとえばアイドルをプロデュースさせる際に、コンセプトやメンバー数が同じグループをデビューさせるようなことです。これはアイドル本人たちの競争心を煽るという話ではありません。企画のターゲットとなる消費者の感情移入を促すテクニックです。さきほどお話しした「選択肢」の文脈で言えば「消費者に選択肢を与えてあげる」ということになります。

とりわけライバルのような明確な比較対象があると、商品の評価や購入の判断基準が、絶対的なモノの善し悪しではなく相対的になります。相対評価になると、人は自分の選択を肯定的に捉えるようになります。「自分が好きなものが、同族のものよりも社会的に劣っている」という評価や状態は、言わば「自分の選択にセンスがなかった」ように感じさせます。そうしたプロセスの中で愛着が湧き感情移入していくようになります。消費者が「私はこっち派」「君はどっち派?」などのやりとりをする姿を想像しながらライバル関係を構築するイメージを持つと良いでしょう。

また、ライバルをつくるとき、可能であればプロデューススチームや運営側も分け、ライバルとして競わせた方がベターです。こちらも上記同様に競争させるということではありません。今の消費者は、とても賢いです。同じチームで、ライバルっぽく見せた商品を出しても見透かされてしまいます。しかし、関わる人が異なれば自然と別の企画になりますし、チームが対抗しているという裏側のストーリーを共有することで、「こっちを応援したい」という共感を得られやすくなります。

とりあえず高くする

これは値段の話です。どんなものでもとりあえず値段を高くすると企画になります。人は極端に高いものに興味が湧きます。

ある店ではケーキを開発し、ワンホール1500円で売っていたそうです。しかしあまり売れませんでした。それとまったく同じものを3000円にして、さらに大きさも半分に小さくしました。そうしたら大ヒットしたそうです。もうひとつ例をあげます。私が以前プロデュースした番組でネタを探していたところ、ある観光地でワンホール1万円のチーズケーキがあるという話がありました。さっそく食べに行きました。確かに濃厚で美味しいのですが、正直言って「それが1万円の価値があるのかどうか」は分かりませんでした。私が〝バカ舌〟だったのかもしれませんが。今でこそ高級チーズケーキはよくありますが、当時はとても珍しかったので番組で放送し、大きな反響がありました。

共通して言えるのは「ほとんどの人は、モノの価値を値段で判断している」ということです。とりわけ日本人は誠実で人を信じる国民性ですから「高ければいいモノのはずだ」「丁寧につくっているはずだ」「ムダに高い値段にして騙すことはない」という意識が根底にあります。もちろん「だから騙そう」という話ではなく、値段を極端に高くすることで、「なぜこんなに高いのだろう。それなりの理由があるはずだ」と深い情報を知ろうとするきっかけがつくれるのです。生活者はよほど好きなこと以外、わざわざ情報を取りにきませんから、この動機が得られるのは大きなアドバンテージになります。

私は「騨飛龍（だぶりゅう）」という日本酒をプロデュースしました。既存の「W」という日本酒ブランドの最上位酒として名付けました。「飛騨」を逆さ読みしたものので、「飛騨から世界へ飛び立つ飛龍の如くあれ」という蔵元の想いに由来します。

この日本酒は四合瓶で5万円（税抜き）です。一般的には高級な日本酒でも四合瓶で1万5000円くらいですから、5万円というのはかなり高額です。もちろん相応の価値があります。世界中のコンクールを総ナメにし60冠を達成した渡辺酒造店がつくりました。同店は2020年の「世界酒蔵ランキング」でも1位に輝いています。特A山田錦を最先端の精米機を駆使し、心白のみをクリスタル球体のように削り出す18％精米を施し、明治から現存する木桶で自然発酵させ、一意専心で醸した醪《もろみ》を古式酒造法の「柿渋染め木綿しぼり」で中取り雫酒を低温抽出。何かすごいですよね……。とにかく素晴らしいお酒です。

この説明文では、日本酒に詳しい人以外の一般生活者にとっては「何かすごそう」の領域をなかなか出ません。しかし「5万円」という3文字だけはひとり歩きしてくれます。

この「騨飛龍」は東京五輪のタイミングで発売する予定でしたが、コロナ禍もあり販売計画が狂います。そのままでは飲み頃を逸してしまいます。そこで「コロナ禍でお疲れの皆様へ陣中見舞い」として100本プレゼントすることにしました。このキャンペーンはTwitterで展開しましたが、1日で10万リツイートされるバズを起こします。これには様々な要因がありますが「5万円」という数字が直感的に作用したから生まれたバズなのです。

この「とりあえず高くする」という手法は、そのジャンルの値段が「高いと感じるハードルが低い」ことが条件です。たとえば赤ワインには元々高価な商品がたくさんあります。5万円のワインはたくさんありますし、中には100万円を超えるようなものまでありますよね。5万円のワインも5万円の日本酒も、貰えたらどちらも嬉しいですが、驚きや感動は5万円の日本酒の方が大きくなります。私は「日本酒が、その手間や品質のわりにそもそも安い」と感じていました。ですから5万円でも受け入れてもらえる自信がありました。商品企画を考える際、そもそも「高いと感じるベースが低い」ジャンルでハイブランドを検討してみることをお薦めします。

とりあえずくくる

「ターゲットは安易にくくらない方がいい」とお話ししました。趣向が多様化した現代では消費者像を見誤るからです。しかし、企画そのものにおいては、複数の要素をくくると、それだけで企画になります。安易にくくっちゃってください。

たとえば催事だったら、国ごとにくくり「イタリアフェア」や「タイフェア」、家具なら時代やスタイルでくくって「昭和古民家風シリーズ」や「ひとり暮らしに丁度いい家具シリーズ」。洋服ならシチュエーションや色でくくって「公園デート特集」「やっぱりピンクが大好きコーナー」など。このように、くくることで出来ている企画は身近にたくさんあります。

くくるものは、場所・出身地・大きさ・重さ・所要時間・気分など、何でも構いません。テレビ番組の『アメトーーク!』も、「運動神経悪い芸人」「お母さん大好き芸人」など、芸人さんをくくることで成立させている企画が多いですよね。

身近過ぎて「くくることが企画だ」と気づくことはあまりなかったかもしれませんが、これが企画だと解っているかどうかで大きな差があります。この手法はほかのテクニックとも併用しやすいですし、とても便利です。

〝くくり〟は、枕詞として企画名につけると、それっぽくなります。たとえば忘年会の企画で、課長5人で行う企画があると仮定した時、単純に「課長企画」と銘打つよりも「部長になりたい課長企画」と枕詞にくくりワードをつけるとどうでしょう。一気に企画らしさが増し、どこか親しみや哀愁が感じられるようになりませんか。怒られそうですが。まずは、身近なものでくくれるものがないか、考えてみてください。

ちなみにここでお話ししていることも「困ったときの応急テクニック8選」とくくってご紹介しています。

数で魅せる

「くくる」の応用編が、数で魅せることです。「10連発」「100人」「1000回」など、同類のものをくくったことに加えて数を打ち出すことで、インパクトが出て企画になります。ただの割り箸でも1億本集まれば迫力がありますし、どの程度の分量か見たくなりますよね。

誤発注で数百個の商品が並んだSNS投稿は、頻繁に話題になりました。また、AKB48もプロジェクト発起の発表があったときは、メディアは「48」という数字を主語にしてニュースとして取り上げていました。今でこそ48人という数字に特別な分量は感じませんが、当時のアイドルグループでは極端に大人数でインパクトがあったということです。

このように、数字はインパクトがあるというのと同時にひとり歩きしてくれます。もちろんネガティブな内容でも同様ですが、良くも悪くも拡散しやすい性質があります。コロナ禍ではとりわけ初期の頃、感染者数の数字がクローズアップされメディアを伝ってひとり歩きしたことは記憶に新しいと思います。数字は上手く使えば、想像以上の拡散力を手に入れることができます。

打ち出す数は多いほど良いです。ただ、大切なのはそのときにそのジャンルで「それは異常な数字だ」とか「価値のある分量だ」と生活者が感じられるかどうかです。たとえばラーメン大食い30杯は、スゴイなぁと思えますが、ラーメン大食い麺の総延長２０００ｍと言われてもピンときません。目的は人を惹きつけることですから、まったくイメージが湧かないと効果がありません。

人を「記号化」する

「人は、自分以外をくくりたがる生き物」だということはお話ししました。未知の存在を恐れるのは本能です。ですから「B型ってこういうタイプだよね」「この職業の人ってこういう性格だよね」と決めつけると既知の存在になり、安心することができるのです。この性質を逆手に取って「人を記号化する」企画ができます。

たとえば、ある地下アイドルがいたとします。彼女たちは女子高生です。アイドルになるために皆、上京してきました。数人のファンはいますが、認知度が低く、ファンの人以外は名前を言われても判らない、世の中的には無名の部類です。仮に「YouTubeを始めて登録者数を増やしたい」と考えたとします。しかし、無名の状態でグループ名やアイドルとしての活動をプッシュする動画をアップロードしても、ライバルも多いですし、チャンネル登録者数は増えないですよね。よほど歌手として天才的だとか秀でているものがあれば別ですが、ファンの人以外に継続的に見てもらうのは難しいです。

ところが「女子高生たち」「上京してきた女子高生たち」「アイドルになるために上京してきたけど売れない女子高生たち」という記号的な部分なら、興味を持つ人が増えるはずです。「女子高生たち」という記号なら「情報感度の高い今どきな高校生」というイメージを想起させますし「上京したての女子高生」という記号なら「若い感覚でも東京には染まっていない」というイメージを想起し、マーケティング的に価値のある情報発信者になれる可能性が出てきます。

たとえば、この「情報感度の高い今どきな高校生」が「あらゆる新商品を片っ端から批評する」動画だったら、同世代の人が「私はこうだけど、この人たちはどうなんだろう?」という視点で見るかもしれませんし、中高年の世代からすれば「今どきの若い子って何を考えているんだろう?」という視点で見るかもしれません。企業のマーケターがビジネスの参考にする可能性だってあります。

他にもたとえば、売れていない45歳くらいの芸人さんがいたとします。SNSで何かを発信するとき、芸名を掲げてストレートにネタを披露するだけでは、多くの人に知ってもらうのはよほどのきっかけがない限り難しいでしょう。しかし「45歳で独身。高円寺でひとり暮らしの夢追い男性」と記号化すると同じような境遇の独身おじさんの癒やしとして共感されるかもしれませんし、孤独な中年を支援しているNPO団体やメディアから取材依頼がくる可能性もあります。

人は「知らない人を記号化したがる」と言いましたが、それは自分の中にあるイメージに「置き替える」ということです。つまり「人を記号化する」ということは、「知らなかった人」が「知ってる人」になるということです。こうして接触ハードルを下げることで、まずは「知ってる人」になって感情移入してくれれば、後に本名を知ってくれるでしょう。もっと言えば本名を知ってもらわず、その記号をニックネーム化して「名」にしてしまってもいいかもしれませんが。

オヨヨプランニング社・営業企画部の無名OLショウコさんも「丸の内に勤める入社3年目のインドカレー食べすぎOL」として記号化することで最近インスタグラムでフォロワーが増え、「インドカレーOL」という名前で有名になってきたそうです。

「企画すること」を企画にする

「企画がぜんぜん思い付かない」「こんなどこにでもあるような商品をアピールするのはムリだよ」なんて行き詰まることもよくあると思います。そんなときは「企画することを企画にしてしまう」という方法もあります。

たとえば「うちの商品を売り出すような企画を募集します！」という感じです。コンテスト形式にして、賞金や賞品などの副賞があるのが一般的です。SNSで募集したり、予算があればメディアにお金を使って告知することで、広告効果も得られます。

また、「企画を考えたり、なかなか思い付かなくて悩んだりしている様子」そのものを動画や記事にしてコンテンツ化する、というパターンもあります。「人はストーリーを買うものだ」なんて言われるようになって久しいですが、要するに「消費者に感情移入してもらえばいい」わけです。企画の参加者であり、応援者となることができると、当然何かしらの感情が乗ります。「企画することを企画にする」というのは「プロセスを共有することでファンをつくる」という手法です。

これはどんな商材やサービスでも使えるので便利です。相性の善し悪しも特にありません。意識すべきところがあるとすれば、ちゃんと丸裸になることです。「普段見えないものが見える」という価値付けをすることで、生活者に対して「新鮮で貴重なものだ」と感じてもらうことができるでしょう。

ネットコンテンツでこれから企画すべきこと

個人や小規模事業者で企画を考えるときは、テキスト、画像や動画をインターネットで発信したり流通させることを考えることが多いと思います。むしろインターネットやSNSの発展によって、個人や小規模事業者が企画やコンテンツを身近に捉えられるようになったわけです。ここでは、ネット企画を考えるときに大切なことをひとつお話しします。それは「ストック型コンテンツの企画を考える」ということです。

「コンテンツを無料でほぼ無限に蓄えられる」ということは、企画を考えるうえで革命的な出来事です。たとえばCDや本なんかは分かりやすいですよね。買う側からすれば部屋にどんどん積みあがります。引っ越しのときに「長年買い溜めた

ＣＤや本を、後ろ髪引かれながらも思い切って売ったり処分した」という方も多いかと思います。つくる側からしても、出来上がったモノは売れなければ、それがひとつでも在庫になります。在庫は置き場所も管理も継続的なコストになります。ですから「いかに在庫を持たないか」「いかに早く売るか」を考えますし、ユーザーの負担を考えて「なるべく小さく」「なるべく軽く」することも多くあったかと思います。

しかしインターネット上のみで存在するコンテンツには、一部の大容量データを除いて分量に物理的限界がありません。一般的なテキストや、画像や動画コンテンツであればいくらでも在庫を抱えられます。そうなると逆に、コンテンツをたくさん並べたり、たくさんの在庫があることを前提に設計したり、戦略を立てることができます。たとえば「1万ページの写真集」なんて書籍として製本するのは不可能ですがデジタルなら可能ですし、「１０００曲聴ける音楽アルバム企画」も可能です。

そして、無限にストックできるようになって得られるもっと重要なことは「時間を超えられる」ということです。コンテンツが当たらない理由のひとつに、タイミングがあることはお話ししたとおりです。企画を出したタイミングが時代的に早過ぎたり、そのとき他に目立つものがあったりと理由はいろいろありますが、別のタイミングだったら当たっていた可能性は当然あるわけです。つまり、「ストックできる」ということは「当たるまで待てる」ということになります。ですからネットコンテンツを企画するときには「ストックしておけるもの」もっと言えば「ストックしてこそ価値のあるもの」を意識的に用意しておくと当たる可能性が高まります。

具体的には「扱うネタに普遍性がある」とか「時間がたってから見ると時代の変化を感じて興味深い」とか「壮大なドキュメント性があって過去作品に遡ってみたくなる」というようなコンテンツです。たとえば20歳の自分がnoteに記事を書くときは同い年の人のみが20歳ですが、10年後には今の10歳の人が20歳になります。そして、毎年成人式を迎える人たちが共感できるような20歳の気持ちにフォーカスして書くことによって、ストックしてさらに価値が増すコンテンツになります。また、出勤する朝に駅前の風景を毎日同ポジ（同じポジション）で写真を撮ってインスタに上げるとします。それは1週間ではほとんど価値のないアカウントかもしれませんが、365枚10年間撮り続けたら様々な分野にとって大きな価値のあるアカウントになります。

企画は必要とする人に伝わるまで、つまり「当たるまで適切な時間が必要」ですから、当たるまで継続することを前提に工数や予算を考える必要があります。しかし、ネットコンテンツの場合はシンプルに「いつか当たればよい」というカジュアルなスタンスで企画することが可能になります。もちろん時事性は大切です。PVを稼いだり、アルゴリズムに引っかけることを考えるうえでも、とても重要な要素です。ただ、時事を追い続けるのはカロリーが高いですし、個人や小さな組織では疲弊してしまいます。「いつか当たる」というスタンスで「数カ月、数年先に誰かに気づいてもらったときにも見る理由がある」ことを意識してつくる方法も、企画の選択肢にあるのです。

SNSコンテンツで変化が起きている

ストック型コンテンツ企画の文脈で、もうひとつお話しします。

近年の生活者は直感的で視覚的になっています。これは、スマホの誕生と、付随するサービスの成熟したUI／UXによるものです。企画を考えるとき、このような生活者を相手にしますから、当然パッと見で人の気を引いたり、右脳的に理解してもらえるように設計することは重要です。YouTubeを始めとした動画や画像を共有するSNSコンテンツも、派手で衝撃的な動画や映える画像が中心でした。しかし、ここ数年で状況は大きく変わってきました。これからSNSを使った企画を考えるときは「情報性」への意識が必要です。ここで言う「情報」とは五感を通じて脳が受ける信号的情報ではなく、「最近の流行り」「このお店が美味しい」とか「受験で押さえておきたい英単語」など「物事の知らせ」のことです。

近年、Googleの検索量が減っていると言われています。これは「レコメンドの精度が上がり、生活者の趣向にフィットした情報が受動的に得られるようになった」ことがひとつの理由ですが、もうひとつの理由は、何か知りたいことがある時「インスタやTwitterやYouTubeで検索することが多くなった」ことです。

本書を読んでいる多くの方も、お店やコスメなど日常的な情報の検索にインスタを使っていると思います。これは、SNSに膨大な情報が蓄積されたことによって可能になったことです。とはいえ、インターネット全体の情報量に比べれば、それぞれのSNSにストックされている情報はまだまだ少ないです。とりわけYouTubeにおける情報量はそのニーズに対して足りていません。

私が動画の企画制作をしている「お金のまなびば！」というYouTubeチャンネルがあります。「お金のことを分かりやすく知ることができる情報チャンネル」です。このチャンネルは「投資について正しく理解し未来志向の人を増やして世の中をよくする」ことが目的です。これまで、すでに投資をしている人や金融リテラシーの高い人に向けたチャンネルやコンテンツはある程度ありましたが、一般生活者に向けた「お金」がテーマのチャンネルは希少でした。コロナ禍もあり「自分や家族の将来のためにお金についてちゃんと学びたい」という人は増えています。しかし一般生活者にとって適度な動画情報はほとんどありません。「お金のまなびば！」はまさにYouTubeに足りていない領域にマッチし、「投資に興味はなくはないが、今すぐ何かしようとは思っていない人たち」に正しい情報を提供するチャンネルとして支持され、登録者数と視聴回数を伸ばし続けています。チャンネル開始から半年で登録者10万人を突破しました。２０２１年中に30万人近くに迫る勢いです。これからの生活者はますます動画で情報を得ていくようになります。

ネットコンテンツ企画を考えるとき、ストック型で情報的価値がある企画を意識すると、結果として消費者に伝わりやすくなるでしょう。

自分の企画を歴史にする

そんなことを言うと「歴史に残るスゴイ企画を生み出すのだ」的な啓発みたいで

すよね。ここでお話ししたいのはちょっと違います。「愚者は経験に学び、賢者は歴史に学ぶ」という格言を聞いたことはあるでしょうか。格言なんて普段使わないのですが、この言葉は私が知っている数少ない格言で、好きな言葉なのでよく引用しています。これは、初代ドイツ帝国宰相・ビスマルクの言葉です。この言葉を引用してお伝えしたいのは「これは100年単位の歴史だけでなく、あなたが企画を始めてから現在までの数年〜数十年間にも言える」ということです。

自分が企画業を始めてから学んだことを、経験なのか歴史なのかで分類してみてください。歴史には、その共通点からは「導き出される方程式」のようなものがあります。この共通点は「時や環境を超えて共通していること」なので、普遍的なものだといえます。普遍的ということは「将来の企画にも使って間違いのない要素」だということです。

これは当然サンプル数が多ければ「普遍度合いの精度」が上がります。企画を多産することで「自分の企画を歴史にする」いわば「歴史化」することができるわけです。ベテランの企画者が「企画を当てる確率が高い」のは「たくさんの企画を歴史として糧にできている」からでしょう。

一方で、経験とはピンポイントな体験から抽出されるものです。こちらは時代や環境が変われば、方程式に当てはまりません。仮にベテラン企画者でも、多産でなかったり、自分の企画を「歴史化」できていない人の企画は当たる確率は低くなります。

自分の記憶や学びが「経験」なのか「歴史」なのかを判別しないと、結果的に自分の企画の二番煎じばかりで「あの人の企画っていつも同じじゃない？」と揶揄されたり、いつまでも古いやり方に固執することになってしまいます。

また、自分の企画を「歴史化」して様々な共通項が分かるようになってくると、自分以外の企画でも応用することができるようになってきます。

たとえば企画を考えるうえでちょっと悩んだ時、「神社のお祭りって出店のサイズが小さいからお金使っちゃうんだよな」とか「運動会の玉入れって、最後に声に出して『1、2……』と数えるのが一体感を生むんだよな」とか「トランプの『大富豪』って『カード交換』のシステムがあるから中毒性があって夜中までやっちゃうんだよな」など、長い間人々に受け入れられた企画と、今考えている企画を照らし合わせながら、それが普遍的な方程式にハマるものかチェックしたり、ヒントを探ったりします。実はこれが先にお話しした「置き替える」テクニックのベースでもあります。

第4章

進む企画

chapter 4

Advancing Plans

企画は「世に出すこと」で価値が出る

「企画」は世に出してこそ価値があります。たとえその結果、ヒットしなかったり世間的には失敗していても、「世に出た」ということだけで大きな価値があります。というのも「企画は考えるよりも世に出すことの方が難易度が高い」からです。

何かを企画し、責任を持って世に出し、「自分が企画しました」と自信を持って言える人は意外なほど少ないです。飲み会や旅行でも立派な「企画」だと言いましたが、飲み会やバーベキューなどを企画してくれる人って結局いつも同じ人だったりしませんか。逆に「企画」されたものに対して、批評したり、揶揄したり、改善点を挙げたりする人が大多数です。たとえば飲み会の後に「高かった」「メンバーがいまいちだった」「お店がよくなかった」などと言う人は多いと思います。

企画というフィールドにおいて、飲み会を「企画し実行した人」と、飲み会に「参加し盛り上げた人」。「どちらが価値が高いか」と言えば、「飲み会を企画し実行した人」です。なぜなら「参加し盛り上げた人」はこの「飲み会という企画の一部」に過ぎないからです。もし、この飲み会が企画されなかったら「お店がよくなかった」という感想すら生まれません。

この章では、企画を「世に出し」さらに「企画を実現」していくことについて考えてみたいと思います。

どこまでが企画なのか

「企画を世に出すこと」と「企画を実現すること」は分けて考えています。「企画を世に出した時点」で「企画は実現した」というイメージになりがちですが、そうとは限りません。「どこまでが思い描いた企画」なのかを明確にしておくことはとても重要です。

たとえば、「ＡＫＢ48」というプロジェクトはどこまでが1つの企画だったのでしょうか。劇場で初公演を行うところまでなのか、東京ドームでの初ライブなのか。総選挙がテレビで生中継されたときなのか、指原莉乃さんという天才的なタレントの誕生までなのか。グループが掲げた目的ではありません。企画者が「企画の完成形としてどういうシーンを脳内で観ていたのか」ということです。

「どこまでが企画の範囲か」によって、企画の設計図はまったく変わります。たとえば、年1回のイベントを企画するとします。イベントが1回きりならば「その1回を逃したくない」と感じさせる仕掛けやプロモーションを展開します。ただその場合、「イベントがまったく新しいものだと、お客さんは事前に楽しさがイメージできない」ですから、「神社の夏祭り」とか「デパートの物産展」などのように既視感のある内容で「それの巨大版だよ」とか「今回限りのコラボだよ」のようなイベントにする必要があります。

一方、「長く続け、10年後に確固たる地位を築くイベントにすること」が目的なら、「毎年の風物詩として定着させていくこと」が企画になります。10年かけて徐々に知ってもらって、そのイベントでしか味わえないコンテンツや、10年間に堪えうるストーリーを用意して「イベントを続けてこそ意味のある工夫」をしていくことになります。

別の例えでは、「三部作の予定で制作が始まった映画」と、「当たったから続編の制作が決まった映画」では、当然つくり方が異なります。前者の場合だと、予算やマンパワーも3作でどう配分するか計算するでしょうし、続きが気になるような伏線も必須です。ところが、後者の場合だと、予算やマンパワーもゼロから組み立て直す必要がありますし、伏線もすべて回収しています。もし、1作しかつくる予定のなかった映画の2作目をつくるなら、別の企画としてイチから丁寧に組み上げて考える必要があります。「1作目が大ヒットしたから2作目も大丈夫だろう」と思って良いのは、「企画が、最初から2作目を含めて考えられていたとき」だけです。

少し余談になりますが、テレビ番組は新企画を立ち上げるとき「レギュラー番組になっていくこと」を目的にするのが一般的です。企画の実現ということでは「毎週放送され続けていくこと」や「毎週放送されることで何かを社会に伝えていくこと」になります。

『逃走中』という番組は「3～4カ月に1回ほどのペースで放送されるようになる」までが、当初からの「企画の実現」だと考えていました。それは単純に「人気コンテンツになる」という目標と同じ意味でもありましたが、むしろ「レギュラー番組にすると飽きてしまうシンプルな構造」だったことが理由です。

新企画は「まずは単発番組で結果を出さねばならない」のが一般的でしたから、まずは単発で結果を出すことを考えます。それには「初見でも理解できるシンプルさ」が必須ですが、反面、回数を重ねると単調に感じて飽きてしまいます。ですから「毎週観て楽しい構造」にはなっていません。3～4カ月くらい期間が空き「見ている人に渇望感がないと楽しめない企画」なのです。

それでも一時期レギュラー化することになったのですが、『逃走中』だけではすぐに枯れてしまうので、上位概念として『クロノス』というタイトルと設定を用いて「時間をテーマにしたバラエティーショー」としてレギュラー放送に堪えられるようにしました。「密告中」「護衛中」「解除中」「生還中」など別のゲームをつくり、「逃走中」を『クロノス』という概念の一部として「格下げ」することで枯れることを防ぐようにしました。その後、レギュラー放送は終わることになるのですが、そ

企画の範囲と期間を設計しておく

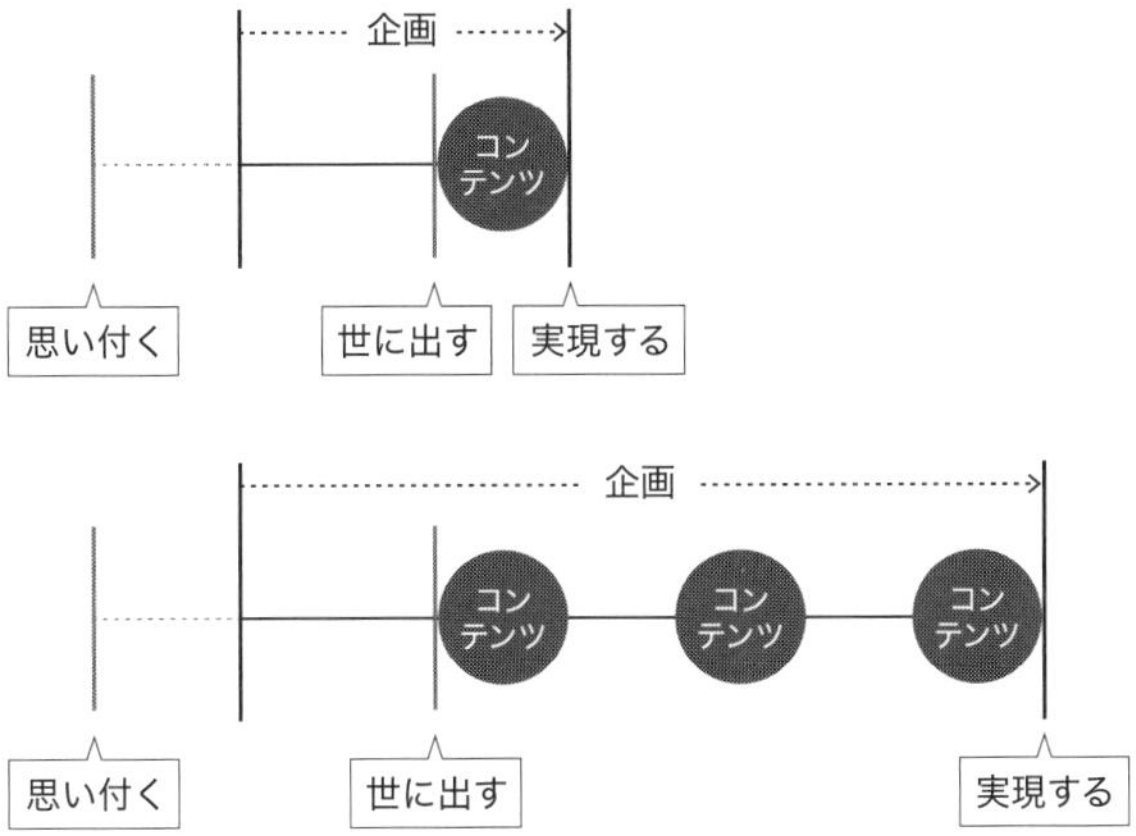

の頃には『逃走中』というゲームの基本ルールが広く認識されていますから、内容を少し複雑にすることが可能になります。「レギュラー化のときに新設した他ゲーム」を、元祖である『逃走中』に内包していくことも可能になりました。

企画には「期間の短いもの」もあれば「期間の長いもの」もあります。「期間の長い企画」は「その間の消費者やユーザーの認知や感情の変化」も企画の一部です。

なぜこのような話をしているかと言えば、実現の定義が明確でないと、当たるものも当たらなくなるからです。

「10年を予定して始めたイベントが、初年度の結果が悪くて打ち切られる」なんてよくある話です。「本当は10年やれば当たったからもったいない」とも言えますが、「10年計画だけど、2年目以降のことは結局初年度の結果次第だから、初年度は1回きりのイベントとしてつくるべきだった」とも言えますよね。

企画者と発注者の間で「どこまでが企画の実現なのか」というイメージの共有がないと、非効率な作業を生んだり、当たる可能性を下げたりしてしまいます。

何が何でも世に出す

企画を実現するためには、まずは世に出さなければなりません。自分ひとりで世に出せる企画は、すぐに世に出してください。世に出して反応があってから次のことを考えた方が結果的に当たる可能性が上がります。

世に出したくても出せない場合のほとんどは、クライアントや上司や出資者が決裁権を持つ場合でしょう。そのとき一番大事なことは「何が何でも世に出すんだ」という「気合」です。

あたり前過ぎる話なのですが、あえて例にします。決裁者の気持ちになって考えてみてください。オヨヨプランニング社のスグル社長は、新商品の企画提出を社員に命じました。オヨヨ社の経営にとっては勝負所のタイミングです。ここに、営業企画部員のタロウさんとショウコさんの2人が企画の提案にやってきました。2人のプレゼンを聞いてみると、どちらもそれほど内容に違いはないようです。しかし、タロウさんは「スグル社長に言われて仕方なく」といった様子であるのに対し、ショウコさんは「自腹でもいいからやりたいんです」と言いました。ショウコさんに任せれば、企画を実現させるためにどんな困難があっても奔走してくれそうですし、万が一失敗したとしても挽回するような策を打ってくれそうです。一方でタロウさんは、もしちょっとでもトラブルが起きようものなら逃げ出しそうです。

実際に自腹を切ることはなくとも、社長の立場で考えればショウコさんに企画を任せたくなるのは明白ですよね。

私もテレビ局員時代は、企画を通すために「クビ」をかけたことが数回あります。今思えば「若かったなぁ」と懐かしいですが、私の提案する企画はヘンテコな番組が多かったので、そうでもしないと通らなかったからです。当時の決裁者が本気で捉えていたかは分かりませんが、私はいつも不退転の覚悟でした。当時の決裁者はきっと私の「何が何でも世に出すんだ」という「気合」を測っていたのでしょう。結果として、これらの企画は今でも放送されている人気番組になりました。決裁者もリスクを負っていますから、「この企画を実現させるのは自分の責任である」という企画者の姿勢が安心材料となるのです。

人が介在すればするほど、企画は変わる

「決裁者もリスクを負っている」という話の流れで、知っておきたいことをひとつお話しします。

企画は、「実現するまでの決定プロセスで関わる人」が多くなれば、違う企画になります。分かりやすい例で言えば「組織で決裁者が多層に渡っている」ケースです。企画者ショウコさんから、企画がユカ部長に渡った時に少し変わり、ユカ部長からスグル社長に渡った時にまた変わり、企画が世に出る頃には原型を留めていない、ということはよく起こります。こうして変わった企画は往々にして「丸く」なります。

これは、「組織における企画は、決裁する側からするとリスクと考えられがち」なことが原因です。もちろん本質的には「やるリスク」より「やらないリスク」の方が高い時代ですからどんどんやるべきなのですが、組織だと決裁階層ごとにリスクヘッジしていくことになります。大きな組織では決裁者はリスクヘッジすることが仕事のほとんどになっている場合が多くあります。立場によってリスクだと感じる部分は様々ですから、企画に介在する決裁者が多ければ多いほど「尖っている部分」が「丸く」なります。

企画にとって「当たる確率」と「バズるエネルギー」はトレードオフの関係にあります。そのため、少しでも企画が外れるリスクを減らそうとすると、失敗する確率は減るかもしれませんが、大成功することもなくなってしまいます。

共犯者は宝物

そのような組織の中で、企画にＧＯサインを出してくれた人というのは「企画者を信じた人」ということになります。組織側からしてみれば、一次承認した管理者も「企画者と同じようにその企画を進める人」という扱いになります。もし企画が失敗すれば、「あいつが通した企画が失敗した」という言い方をされてしまうかもしれません。言い替えれば、企画を受け取った側も、企画を通した時点でその企画の「共犯者」となるわけです。

ここで誤解を恐れず「共犯者」と称したことには理由があります。企画とは、まさに企むものです。企みの実現や成功のために、上司やクライアントに対して、一部ウソをついたり、隠したり、話を聞いたフリをすることもあるでしょう。大きな組織では一次決裁者はプレーヤーの一部とみなされますから、程度の差はあれ、企画者と同様に「企む存在」になります。

特に、尖った企画を尖ったまま通してくれた場合は、その人も一緒に大きなリスクを背負ってくれたことになります。「企画者の共犯者」というリスクを背負ったという点で感謝したいところです。

分かりやすく会社組織を例にしましたが、個人的な繋がりで行う企画でも同様です。その初期段階で巻き込まれてくれた人は、共に企んでくれる勇気ある「共犯者」です。企画が失敗しても、何かを一緒に「決めた」という点において、その後も深い信頼で繋がることができます。「共犯者」は、企画を進めてくれる味方というだけではなく、人生を豊かにしてくれるパートナーです。

企画をぐいぐい進める10の話

「企画は考えるよりも世に出すことの方が難易度が高い」とお話ししましたが、世に出すまでは本当に様々な障害があります。障害物競争のようなものです。ここで改めて、企画を世に出すまでの流れを整理しながら、知っておくとラクになることをお話ししたいと思います。この10の話を知っておくと、障害物を避けたり退かしたり出来ますし、企画がスムーズに進んでいきます。

巻き込む人を決める

まず、「こういう雰囲気の企画をやりたいなぁ」とまだ何も決まっていない段階から、半分雑談、半分プレゼンの気分で、「こんなこと考えているんだけど、どう思う?」といろいろな人のリアクションを探っていきます。半径30メートルのマーケティング・リサーチといったところでしょうか。
「おもしろいね」と言ってくれる人がいたら、次は「企画に巻き込む人」を決めていきます。この段階では、大規模なチームをつくるというよりは、協力してくれそうな仲間を見つけるようなイメージです。協力してくれる仲間を見つけ「いざ具体的に企画内容を決めていこう」という段階に入ったら、私はまずブレストの予定を入れることにしています。ブレストというと、大人数で会議室に集まって意見を出し合うようなイメージがあると思いますが、集めた仲間全員と行うのではなく、自分の「壁打ち相手」になってくれる人と2人ですることをお薦めします。

心理学の研究でも「大人数で行うブレストは有効性がない」と言われています。「ブレーンストーミングの有効性を検証する22の実験中で、有効であったという研究は1つもない」そうです。その理由は「同時に複数人が発言できないため、ほかの人が話している間に自分の考えを忘れてしまうこと」「ほかの人に自分のアイディアを評価されることへの不安をいだいてしまうこと」「内職や居眠りなど〝タダ乗り〟の人がいること」の3つだそうです。［参考］「確かに」って感じがしますよね。

［参考］
『認知バイアス：心に潜むふしぎな働き』鈴木宏昭［著］　講談社

また、最初のブレスト相手は「巻き込まれてくれる」かもしれない大切な仲間です。信頼関係を築くうえでも、2人で行うのが良いと考えています。

私は相手のことが知りたかったり仲良くなりたい場合、なるべく2人で会うようにしています。仲良くなる前だと、ついほかの人も誘いたくなりますよね。同僚や盛り上げ役になりそうな共通の知人がいると安心します。しかし、2人と3人以上のコミュニケーションはまったく性質が異なります。2人だと、まず逃げ場がなく必然的にお互いに正面から向き合わざるを得なくなります。

飲み会をする場合でも、3人だと気軽に行ける人が多いと思うのですが、2人だと「サシ飲み」という言葉があるくらい、真剣なニュアンスが加わりますよね。「サシ」とは「差し向かい」が略されたもので、2人で対座することを意味しています。また、そのうえで話す内容は、2人にしか共有されていませんから、基本的には2人だけが知っている情報や記憶になります。「2人だけしか知らないことがある」ということは信頼関係の醸成に必要不可欠です。

好きな人を相手に置き替えてもらえれば分かりやすいと思います。2人だとデートになりますが、3人ではデートになりませんよね。緊張はするかもしれませんが、

2人で時間を過ごした方が緊密な関係になれます。

少し話が逸れました。ちなみにブレストでは、自分の仕事の文脈を知ってくれている人がお薦めです。目安としては、「あの時のあれがさ……」と多少説明を省いても、会話ができる相手がよいでしょう。発想のプロセスや、脳内イメージの共有が容易ですし、より深いところまで議論が深まるはずです。

相手の脳内に映像を浮かばせる

企画に人を巻き込むうえで、いちばん大切なことは「相手の頭に企画の映像を浮かばせる」ことです。これは、企画を一緒に進めてくれる仲間だけでなく、企画にGOサインを出すクライアントや上司に対しても同じことがいえます。

何よりもまず、お伝えしたいことは「自分の考えていることは、思っている以上に伝わらない」ということです。「うちの部下は理解力が足りないなあ」「あの上司ってほんと伝わらないなあ」「あのクライアントは分かってないいんだよね」と言いたくなりますよね。ですが、基本的に「自分の考えなんて伝わらない」のです。まずは、自分のイメージは伝わりにくい性質のものだという前提でいてください。

「相手の頭に企画の映像を浮かばせる」とはどういうことなのか、「上司やクライアントに対して企画を通す」という場面で考えてみましょう。

まず「何もイメージが伝わっていない場合」です。この場合、そもそも企画が通ることはありません。

次に「おぼろげなイメージは伝わっているが、企画の映像までは浮かばせられていない場合」です。このような場合、「ああ、なるほど、だいたい分かった」と、企画が通る場合もあります。ですが、「分かった」と言っていても絶対に分かっていません。何となく分かった気になっているだけか、とりあえず今は忙しくて面倒なので「分かる作業」を先送りにしているかのどちらかです。企画が具体化するにつれ、クライアントや上司が浮かべていた「おぼろげなイメージ」とはかけ離れていることが分かり、「そんなこと聞いてないぞ」と企画の進行が止まります。場合によっては白紙に戻さざるを得ないこともあるでしょう。ですから、企画をある程度進めてから元に戻すことは、とても労力のかかることです。ですから、相手の脳内に、自分の

相手の頭に企画の映像を浮かばせる

今回の企画は
「大食い」でして…
企画者
映像が浮かんでいる
映像が浮かんでいない
イメージ
できました!
企画を受け取る人
大体
わかりました!
企画を受け取る人

頭の中にある3D映像と同じものが浮かぶまで、相手に伝える努力を惜しまないのが賢明です。後で10倍面倒なことになります。

相手に企画の映像を浮かばせるのに役に立つのが、企画書です。企画書は、組織に企画を承認させるためだけの単なる書類ではありません。企画に関わるすべての人にとって、便利な共通言語となるものです。企画プレゼンにおいて「目の前の相手が承認＝すぐ決定になる」というケースは稀です。ほとんどは一旦預かられて、さらなる上役や、周囲の関係者やブレーンに意見が求められ、同意や承認を待つことになります。営業企画部のショウコさんはユカ部長に企画を出しました。ユカ部長は「いいね、でもスグル社長にも聞いてみるね」となります。そのときユカ部長が社長にショウコさんの企画を説明するとき「ショウコさんのつくった企画書という共通言語」を使うことになります。

企画書は自分のイメージを整理するものではありません。自分のプレゼンの補足資料でもありません。自分がその場にいなくても、自分の企画を誰が代弁したとしても、自分のイメージを正しく伝えてくれる「共通言語」なのです。

企画書は「読ませるもの」ではなく「見せるもの」

企画書をつくるうえで意識してほしいことは、パッと見て伝わるかどうかです。「文章やデータとして分かりやすいか」という以前に、「視覚的に理解できること」が大切です。企画書のフォーマットに制約がない場合は、積極的に写真を利用します。データでのやりとりが可能であれば動画も貼ります。自分のイメージに合うものを撮影するのがベストですが、その時間がなければインターネットで探します。イメージピッタリのものを見つけるのは難しいですが、なければ「写真AとBを足して2で割ったような感じ」と説明するだけでもかなり伝わります。

企画書のフォーマットが定型で「表現できるのが文字だけ」という場合にも「見せるもの」だという意識が大切です。企画を判断する時、大抵の人はほかの業務も重なっていて忙しいことが多く、ざっと目を通すくらいです。企画書の内容を受け取り手が理解しているかどうかは「受け取り手ではなく企画者の責任の範囲内」です。企画書に書いてあることを認識されなかったとき「ここに書いてあるのに何で読んでないんだよ」と思う気持ちはよく分かりますが、「企画の説明やプレゼンは発信者責任」です。

企画書の重要なところはフォントサイズを変えたり、アンダーラインやカギカッコを使ったり、余白の取り方に気を使うなど、人の目に入りやすくします。

ちなみに本書でも、説明が長くなってしまうときは、いくつかの文節をまとめてカギカッコで囲むなど「視覚的に分かりやすくなるよう」意識しています。

そもそも企画が最終的に相手にするのは一般生活者です。生活者は面倒くさがりで、移り気で、集中力の低い生き物です。彼らに何かを説明したときも、ちゃんとなんて文章を読んでくれません。パッと見の印象で決められてしまいます。自分が一般生活者の立場に戻って考えれば同じですよね。

「視覚的である」ということは企画を考えるうえでとても重要です。新しいデバイスやガジェットを使うとき、説明書を読まずに使ってみる人は多いと思います。説明書がない製品もあります。これは「いろんな物事が視覚的で本能的になってきている」からです。よくアプリ開発の現場などでも「幼い子供が使えないインターフェースには価値がない」と言われています。

もっと言えば「企画書」自体が前時代的な気もしますよね。企画書ではなく企画説明動画も急速に広まっています。これは「動画の方が視覚的で伝わりやすい」からです。いずれにせよ「伝える」ことはいつの時代も難しいものです。とりわけ近年では、その相手がクライアントであれ、生活者であれ、視覚的で本能的に「伝わる」ように意識することが重要です。

仮タイトルは（仮）じゃない

企画の構想段階で企画書を書くとき、1行目にはタイトルを書きますよね。最初は「仮タイトル」としてなんとなく決めたり、とりあえず「企画書」とか「新企画提案書」のように仮のタイトルを決めないケースも多いと思います。しかし仮タイトルだとしても、しっかり考えてつけると企画が世に出る近道になります。

タイトルというのは、企画にとって旗印のようなものです。たとえ中身がまだ決まっておらずふわっとしたものであっても、タイトルがあるだけでグッとしまり、実現しそうな印象を与えることができます。企画打ち合わせのとき、会話の中で出てきた企画のイメージに対してとりあえず「あ、それってたとえば『ラーメンマニア大集合！小麦粉ガマン選手権』みたいなカンジ？」とか「それだったら『忘年会で初司会が全部ドッキリだったスペシャル』みたいなカンジはどう？」のように無理やりにでもタイトルにします。そのタイトルが適切かどうかはさておき、急に「この世にあってあたり前のモノ」に感じます。

伯方の塩のプロモーション企画についても、最初から「伯方の塩二代目声優オーディション」でしたし、『有吉の夏休み』『世界行ってみたらホントはこんなトコだった!?』など私の企画の多くは、仮タイトルがそのまま正式タイトルになっています。どことなく「仮タイトル」っぽいと言われれば仮タイトルのように感じるかと思います。

ちなみにこの本を書くとき、本のタイトルはもちろん、各章や小見出しのタイトルも「仮」でつけて、「仮」の目次をつくってから書き始めました。その時点では仮タイトルなのですが、書き進めていくと内容が仮タイトルに寄っていきます。結果として内容が仮タイトルに合っていますから、そのまま正式なタイトルになります。このように仮タイトルは良くも悪くも企画の中身に大きく影響します。

また、一見企画ではなさそうなものも、タイトルをつけるだけで「企画として伝わり進みやすくなる」という側面もあります。たとえば、東日本大震災の際、アメリカ軍による支援は「トモダチ作戦」というタイトルがつけられたことで親しみや前向きさが加わりましたし、節電の呼びかけは「ヤシマ作戦」と名付けられたことで、ブログやSNSなどに大きく広まっていきました。

社会性のあるスケールの大きなことだけではなく、「コウスケ先輩キラキラインスタグラマーにダイエットで告白大作戦！」とか「ほとんどしゃべったことのない寡黙な上司と突如サシ飲みになったけど会話は続くのかスペシャル」などのように、身近なことにタイトルをつけてみてください。イメージが共有されたり、高揚感が出たり、そのタイトル自体がフリになって結果的に楽しく過ごせたりと、「タイトルをつける」で得られることを体感できると思います。

とりあえず寝る

あたり前の話ですよね。わざわざ書くほどのことでもないかと思い、削除しようとしましたが、やっぱり大切なことなので残しました。企画を健全に進めていくうえで、これは本当に大切なことです。「企画を考える」「企画書をつくる」というと何となく夜遅くまで作業をするイメージもあるかもしれません。私も行き詰まったとき、連日深夜まで企画会議を続けたことがあります。しかし、言わずもがなですが、睡眠不足時のパフォーマンス低下は企画を考えるという作業には最悪です。睡眠不足のときに考えた企画はろくなもんじゃありません。結局ずっと行き詰まって企画は進まなくなります。
まず、脳は睡眠時に記憶の整理をします。せっかくインプットされている情報も整理しないと結び付き難いでしょうし、整理されることで違う結び付きも思い付きやすくなります。また、脳は寝ている時と起きている時では働きは異なりますが、起きてからすぐ覚醒するわけではなく徐々に起きている状態に移行するそうです。この時間は脳は普段と異なる働き方をするので、いつもと違う結び付きに気づく可能性が高くなります。[参考]
夜通し会議し朝方やっとのことで企画をまとめたとき、その解放感と充実感は大きいものです。しかし翌朝冷静に見返すと、だいたいは企画として成立しておらず愕然とします。良くも悪くも深夜の企画会議に慣れてくると、夜中に仕上がった企画には、ぬか喜びにならぬよう「ま、起きて読み返して成立してたら喜びましょう」と言って帰路につきます。

[参考]
『BRAIN DRIVEN：パフォーマンスが高まる脳の状態とは』
青砥瑞人［著］　ディスカヴァー・トゥエンティワン

答えがないのが企画

「企画を出して」というオーダーには「答えがある」場合と「答えがない」場合があります。そして、実は「答えがない」方が圧倒的に多いです。本書冒頭で「企画を提出したとき『うーん、いやー、悪くないんだけどさー、こういうんじゃないんだよなぁ』というリアクションはあるあるですよね」というお話をしましたが、まさにこれは「そもそもオーダーした本人が答えを持っていない」から出てくるリアクションです。

一般的なビジネスシーンにおいては、折衝したりコミュニケーションを取る場合、「双方もしくはどちらか一方に目論見やイメージがあってそれを擦り合わせる」ことがほとんどですが、「企画立案」というコミュニケーションにおいては「双方ともに答えもイメージもない」状態でスタートします。これがビジネスにおける「企画」の面白い特徴です。「悪くないんだけどさー、こういうんじゃないんだよなぁ」というリアクションがあったとき、腹立たしかったり萎える方もいるかもしれませんが、意外にもこのコミュニケーションが「企画」の本質だったりします。

ベタな例ですが、「結婚相手の条件は?」と尋ねて、「優しい人なら誰でもいい」と答えた人のことを考えてみます。いくら「優しい人なら誰でもいい」と答えたとしても、「優しくても働かない人はアリ?」「タバコを吸うのは?」「ギャンブル大好きなのは?」と具体的に聞いていくと、「それはちょっと」となります。人の琴線はそれぞれですから、質問を重ねるたびに、意外なところで厳しい条件を持っていることに気づいたりします。これは「具体的に尋ねられるまで、その条件について考えたことがなかった」ために起こる現象です。

企画についても同じことがいえます。具体的に企画をプレゼンされるまで、発注者は条件をイメージできていません。「そんな感じ」と言っていたとしても、実際にはズレている場合が多いです。そのため、まずは相手に具体的な企画をぶつけることで、NGラインを探ることが大切です。相手が答えを持っていないとしても、選ぶことはできます。ですから、たとえばA案・B案・C案と、3つの企画を提示し、「これはさすがにない」「これは近いかも」と、方向性を狭められるように誘導します。企画とは「無限にある可能性を断ち切って、方向性を決めていく作業」なのです。

企画は腐る

企画を提案したりされたとき「いいですね！ やりましょう！」と盛り上がったにも関わらず、その後連絡が途絶えたりして、1カ月とか3カ月とか経ってから、「あの件進めたいんだけど」と連絡が来ることがあります。その人は、もしかすると忙しかったのかもしれませんし、企画内容を吟味していたのかもしれません。

しかし企画は、盛り上がったのなら、その熱を保ったまま少しでも形づくるか、せめて何らかの作業をスタートさせる必要があります。時間が経ってしまうと、ほかの企画や日常の業務に押し出され、あっという間に熱気がなくなってしまいます。冷めた頃に具体的な話を進めようとしても、相手からは「そういえばこんな話もあったかな……」くらいの気持ちで捉えられ、企画を実現するチャンスを失ってしまいます。

そもそも、その企画を思い付いたり、互いに「いいな、やりたいな」と感じたのは「その時」であって、1カ月後とか3カ月後ではありません。お話ししたとおり、企画に「今」はとても重要な要素です。「いいな」と思った「今」じゃないと当たらない可能性は大いにあります。企画が世に出るタイミングを逸したとき、「腐った」と表現します。企画は「生モノ」です。新鮮なうちにお客さんの前に出してあげてください。

企画は通っているのに、なんとなく実現しなかったり、「なぜやらなかったんだろう」となることは実はとても多くある「あるある」です。もしその後、同様の企画を他者がヒットさせていたら、とても悔やむことになると思います。逸失利益は無限大です。

とりあえずググる

私は何かひとつ企画を考えたら、すぐに検索するようにしています。ニュアンスを変えながら様々な言葉で検索します。もちろん「類似企画がすでに存在するかどうか」を探るためです。

実は、企画者の多くは「発想の種や企画のネタを探すリサーチ目的」では検索しますが、「思い付いた企画自体」を検索しない人がとても多いです。

検索する理由は「もし既に世の中にあったらやめよう」と判断するためではありません。そこには「競合となる企画とどう戦えば良いかのヒント」があります。

まず、検索したときに類似企画やサービスがすでに存在した場合、競合の企画があるということは「同様の課題を感じた人がいる」ということですから、多少なりともニーズがあるという証です。そして、自分が知らなかったのは、「有名ではないから知らなかった」か「自分が単に無知だったか」のどちらかです。有名じゃないということは、その企画が「世の中に受け入れられていない」のか、「今じゃない」のか、「単純に運営者がダメ」なのか、など、何かしら理由があるはずです。その理由が戦うヒントになり、企画は進んでいきます。

もし、既に有名な同種コンテンツがあって、かつ、かなり先行されている状態で「自分が無知で知らなかっただけ」という場合は、競合よりよほど有利なことがない限り「事前に知れて、ムダに戦わずに済んでよかった」と諦めても良いと思います。

競合する企画があった時、「差別化すること」を考えがちですが、サービスやコンテンツの中身を無理に差別化する必要はないです。仮に中身が同じでも、その見せ方や伝え方が違うだけで消費者によってはまったく別の企画になります。「見せ方や伝え方が間違っていたせいで、伝わっていなかった」ケースがとても多いです。とりわけC向け[※01]のサービスやコンテンツは、「生活者に届くまで」「生活者の脳内にイメージされるまで」「実際に買ったり使ったりするまで」を企画の範囲とするべきでしょう。

観測気球を打ち上げる

政治家が、議論中のテーマについて、ポロッと口にして世論を知ろうとすることを、「観測気球を上げる」と言ったりしますよね。正式に発表した後では、世論の反発があっても、なかなか覆すのは難しいですが、発表前だったらまだ引き返す余地があります。ビジネスの世界でも、たとえば重要な役職を決める際、「あの人が次の役員になるらしいよ」という噂を流し、取引先や社員たちの反応を見る、という人事戦略があります。関係者だけで話し合っても、世論や社員の反応が完全に予

[※01] C向け
コンシューマ向けの略。企業間取引ではなく、一般消費者に向けて提供される商品・サービスを指す

測できませんから、まずは観測気球を上げてみる、というのは有効な手立てでしょう。

企画についてもこれと似たようなテクニックがあります。たとえば、ドラマやマンガのような企画で、「物語の盛り上がりがピークの部分だけを先につくり、世の中に出してしまう」という手法です。いわば予告編のようなノリでSNSなどを使って世に出して反応を窺います。評判がよかったり、反応が多かった作品だけにお金をかけて、全編をつくることができるので、リスクを低減できます。

この手法が有効なのは、「生活者の自分の時間に対する意識の変化」に起因します。以前は少し「つまらないな……」と感じたとしても、「もう少しガマンしたら面白くなるかも」とか「ここまで見たし折角だから最後まで」と思ってくれたのが一般的でした。しかし最近は「つまらない可能性」を感じた時点で即座に接触を停止します。あるコンテンツと接触したとしても、しばらくは「これは自分の時間を消費する価値のあるものだろうか」と吟味しています。現代人は「コンテンツの消費の仕方」と「自分の時間の消費の仕方」のバランスにシビアです。「コンテンツは無料であたり前」と考える人も多いですし、若年層では「コンテンツを消費するのに自分の時間を使ってあげるのだから、むしろお金をもらうべき」と考える人も増えています。

ちなみに、現代人がコンテンツと関わることにシビアになっている理由には、コンテンツの数が膨大に増えていることに加え、「これまでたくさん騙されてきた苦い経験があるから」ということもあります。今の生活者は、以前に比べて「裏切られたくない」という気持ちが強いです。

「おもしろい記事だと思って読んでいたら宣伝だった」「予告編を見てワクワクしたら本編は別物だった」「ゴリ押しと揶揄されるような不自然に過剰なプロモーションに振り回された」などなど。何度も騙されていたら「次は騙されないぞ」と疑心暗鬼になるのが人の心理ですよね。

いずれにせよ「騙されたくない人」に対して、「このコンテンツのピークはこんなカンジですがどうですか?」と開けっぴろげにアピールする方が信用されます。以前は「コンテンツのピーク」いわば「オチ」になる部分は隠しておくのがあたり前でした。しかしそれは「〝フリ〟からじっくり楽しめば満足いく〝オチ〟にたどり着ける」という暗黙の約束が成立していた時代の話です。今は消費者やユーザーに対して「あなたをここまで運びます」と事前にガイドしてあげるようなコミュニケーションが適切ですし親切です。

観測気球を上げる手法は、大規模な企画だけでなく、個人で始めるようなカジュアルな企画にも有効です。もし、やりたいと思っていることがあれば、すぐに「こういうことをやりたいと思っている」と周囲の人に伝えたり、SNSで発信しましょう。ひとりでアイデアを抱えていても何も始まりませんが、誰かに伝えることで、「いいね」と言ってくれる仲間が集まったり、そのリアクションに勇気が湧いたりすることで企画は進んでいきます。

もし誰も賛同者がいなければ、切り替えて別の企画の話をすればいいだけです。何より、他人に伝えることで、「オオカミ少年になりたくないな」「やるやる詐欺だと言われたくないな」と自分の中で責任感が芽生え、「いつかやれたらいいな」というふわっとした願望から、「何としても実現させよう」という決意に切り替わります。

実現率が倍増する「先回り思考」

企画にはトラブルがつきものです。もちろん、どんなトラブルにもめげない気持ちの強さは大切ですが、そもそもトラブルを事前に回避できれば、無駄なエネルギーを使わなくて済みますよね。あたり前の話かもしれませんが、企画実現には先回り思考が大切です。端的に言えば、障害物となりそうなものを事前に排除するということです。

具体的な作業としては、何かと忘れがちな人に事前にリマインドしたり、予算がオーバーしそうになる少し前に抑制したりと、多岐にわたります。イメージとしては「エライ人が歩いている時、扉やエレベーターなどに歩みを邪魔されないように、エレベーターのボタンを押し、ドアを開けて待っている部下」のような感じでしょうか。

お気づきかもしれませんが、この考え方は企画の推進だけではなく、どんな場面でも役に立ちます。段取りよくテキパキと進行する人を見ると「慣れてるなぁ」と思うし、トラブりそうになったとき「あ、それ〇〇しておいたんで大丈夫です」とかドヤ顔で言ってる人を見ると「経験豊富なんだろうな」と思いますよね。でもそれは「慣れ」とか「経験」ではありません。先回りして準備しているだけです。逆に、どんなに経験があって慣れていても先回り思考のない人はたくさんいます。

具体的には、自分がチームの誰かや、外注先や、発注主の立場になってみることです。それに尽きます。「その立場になった自分がミスしたりうっかり忘れてしまいそうなこと」それが進行の邪魔になる障害物です。障害物を事前に排除する先回り思考を意識しておくと、結果的に工数も減って、自分がラクになります。

ここまで企画が進む流れに沿って気にした方が良いことをお話ししてきましたが、「企画を世に出して実現するのって結局やっぱり面倒だな」と感じる方もいるかもしれません。企画の実現のために大切なのは、「そもそも企画は実現しないもの」だという前提で考えることです。逆説的に聞こえるかもしれませんが、企画が世に出て実現することはあたり前ではないのです。

仕事の場面では、多くの人は「企画書が組織に承認された時点で、企画が世に出て実現する」と思い込んでしまいますが、そのような心構えでいると、予想だにしないトラブルに簡単に萎えてしまいます。私の経験では、企画が進み始めてから当初のイメージどおり完結したものは皆無です。また予算化までして進めていたにも関わらず、まったく違う企画になるか、中止に追い込まれる確率は50％くらいです。予想だにしないトラブルが必ず起きるのが企画というものです。ですから「企画とは実現しないものだ」という認識でいれば、「さてさて、これからが本番だ」くらいの淡々とした気持ちで挑むことができます。

エゴサで渦へ飛び込む

ここで「企画を世に出した後、やっておきたいこと」を少しだけお話ししたいと思います。企画を世に出したら、その反応は気になりますよね。ＳＮＳなどで自分の企画がどのような評判なのかエゴサーチ[※02]する人は多いと思います。エゴサ

[※02] エゴサーチ
検索エンジンやSNSなどインターネット上で自分自身の評価を確認する行為

が必要な理由は「企画の評判をもとに、その企画を改善したり、次の企画に活かす」ということがあると思いますが、もうひとつ理由があります。それは「現代の思考の拡がり方」にあります。

インターネットの発展以前も、企画者はファンレターなどの形で、感想を知ることは出来ました。しかしそれは「ユーザーから企画者へという一方的なもの」でした。一方現代では、ユーザーの感想は運営側だけでなく、ほかのユーザーや生活者も見ることができるようになりました。人の考えや意見というのは、よほど深い思考ではない限り「他人の意見の切り貼り」に過ぎません。マジョリティの意見を目にすると、最初に抱いた感想とは違っていても、自然とマジョリティに寄っていきがちです。さらに自分の考えを発信するとき「ほかの人が自分の考えをどう感じるか」という見られ方も意識したうえで発信します。

こうした「感想の流れ」は、「感想の渦」の中に身を置かなければ分からないことです。エゴサをするということは「自分の身をその渦の中に置く」ということです。

また、この「渦が流れる方向」を正確に読み取れるのは企画者だけです。たとえば「こんな部分に反応して欲しい」という企画の狙いに対して、どのように気づい

［※03］アーリーアダプター

流行に敏感で、良いと判断したものは世間に普及する前から購入する消費者層のこと。発信力があり、ほかの消費者層への影響力が大きい

てくれるのか。また、気づいた人に対して周りの人はどう反応するのか。それが伝播する時間や広がり方の範囲など、渦の中心にいる企画者でないと正しく解釈できません。こうした感想の広がり方は、「アーリーアダプター［※03］をどう反応させるか」という点で大きな学びとなります。

とりわけ現代では、流行や世論の醸成はSNSの多様な渦から発生します。その渦の中心に身を置いて流れを体感できるのは「企画を世に出した企画者の特権」ですから、この特権を使わないのは損です。

私も、よくエゴサします。エゴサするために企画業をしていると言っても過言ではありません。作曲家は「聴いてくれる人がいるから創る気になれる」と言います。企画は世に出してこそ意味のあるものですが、世の中の反応があるからこそ頑張れます。私はたぶん「企画すること」が好きなのではなくて「企画したことの反応を知る」ことが好きなのだろうと思います。私は「企画業が自分の天職だ」などとはまったく1ミリも思っていないのですが、もし私が企画業に向いているとしたら、たぶんその部分です。

分析するのは当たったときだけで

いいです。悪かったときは分析しなくて良いです。

一般的に仕事のシーンでは、結果が悪かったときは「何で悪かったのか報告して」とか「しょうがないけど次回への糧にしなきゃダメだよ。何が失敗なのか原因をしっかり分析して」となります。あたり前の光景ですよね。暗い気持ちで「あーでもないこーでもない」と議論し、それっぽい、半ば反省文のようなレポートが出来上がります。一方で、結果が良かったときは「よかったねー！」「いやーホッとしたよ」で終わることがほとんどではないでしょうか。

これは間違いです。逆です。悪かったときはさっさと忘れてください。「反省文レポート」はその後誰も読みません。なぜかと言えば「失敗した企画は世の中の記憶に残らない」からです。失敗原因がゴシップ的だったり、語り継ぐに値する「面白エピソード」があれば別ですが、それも日本で年に1つあるかないかでしょう。イチ企業やイチ組織の企画の失敗なんて誰も覚えていません。人が語り継いでくれるのは「当たった企画」です。

そもそも企画は、当たるかどうかなんて誰にも判りません。結果を分析するには変数が多過ぎますし、運の要素も多分にあります。ですから、分析自体にあまり意味がないのです。この本でも失敗したときのことはほとんど触れずに、当たったときのことだけ偉そうに語っています。失敗した企画は「実績」にはなりますが、エピソードとしてはたいして興味を持ってもらえません。みんな知らないんですからあたり前ですよね。

当たった企画についてはその要因を分析することに少しの意味はあります。当たったということは「また当たる可能性が高い」ということですから次の企画の「ヒント」にはなります。でも、やはり基本的には、企画の結果分析はたいして意味がありません。時間のムダです。そこでテンションを下げたり、嫌な思いをするくらいなら、次の企画、またその次の企画の実現に向けて進んだ方が圧倒的に生産的です。どんどん多産してください。失敗の分析なんかしているより、多産した方が絶対に当たります。

企画者としてのプライド

企画を実現することには必ずリスクが伴います。企画が失敗してしまった、という事態になったら、誰から責められなくても「自分の企画が良くなかった。申し訳ない」と言えることが大切です。これは謙虚さや責任感を持つことでもありますが、ここで言いたいのは「自分の企画」へのプライドを持ってほしいということです。「企画」は企画者の人生から生み出された、その人そのものです。当たったかどうかではなく、その結果まで含めて「自分が生み出した企画なんだ」という意識が大切ですし、その姿勢が次の企画に繋がります。私も、前著『人がうごくコンテンツのつくり方』発売日直前、「本当に売れるだろうか。私のせいで出版社に損をさせてしまわないだろうか」と不安でした。売れ残ってしまったら自腹で大量の広告を投下するつもりでした。おかげさまで前作は好評をいただけたのですが、あの気持ちがあってこそ、本作があるのだと思います。

私は、高確率でヒットを出し続けられるような天才企画者ではありません。しかし他者に負けない部分があるとしたら、この「企画者としてのプライド」です。自分の企画の結果への受け止め方はもちろんですが、同様に気をつけているのは「自分の企画ではない企画」との距離の取り方です。

企画はチームでつくることが多いので、結果として「関係者」は大勢います。とりわけ大規模なものであるとその人数は中心メンバーでも数十人となります。テレビ局員時代、私が「プロデューサー」とクレジットされた番組のいくつかは、私以外の人が企画者だったものです。テレビ番組では、プロデューサー、ディレクター、演出、制作統括、製作など、よく分からない偉そうな肩書きがたくさんありますよね。「企画」というクレジットがしてあっても「企画」していない人もいます。

私は、たとえ「アレやってるんですね」とか「アノ番組で名前見ました」と言われても「アレはプロデューサーみたいになってますが管理してるだけで、企画したのは○○さんという人です」「アレは名前出てますが、私はほとんど何もしてなくて、実際企画したのは△△さんで、実際切り盛りしてるのは後輩の××君です」と、聞かれなくても必ず伝えるようにしていました。テレビ以外でも大きな会社のプロジェクトでは「誰が企画者なのか不明確」なことはよくあると思います。

また、当たった企画には「アレ、俺がやったんだ」という人がたくさん現れます。俗に言う「アレオレ詐欺」ですね。とても恥ずかしい「あるある」ですが、これは「誰が企画者なのか不明確」なことによって起こります。誰がやっているのか、誰が企画者なのか判らない企画は当たる確率が低くなります。責任の所在が不明瞭になるばかりか、決定プロセスが見え難くなり、スピードは落ち、スタッフの士気が低下していくのです。言わずもがな、会社がダメになる典型的なパターンですし、どんなビジネスシーンでも気をつけるポイントです。

企画本位で進める

「うちは出版社なんだから……」「そんなのはテレビでやることじゃない……」。歴

［※04］ヌメロン

2011年から2014年までフジテレビで放送されていたゲームバラエティ番組。アプリゲームやカードゲームなど、マルチメディアに展開している

史の長い業界やベテランの人の中には、自社の業域や、自分の専門分野にこだわる人も多いです。企画を考えるとき「週刊誌の企画」「テレビの番組企画」のようにメディアが枕詞につくことがあたり前でした。企画のアウトプット先が決まっている状態です。

しかし企画とは「無限の可能性があるところがスタート地点」ですから、本来はアウトプットに制約があるのは不自然な状態です。

私がテレビ局で「ドラマ制作センター」という部署に異動になったときの話です。ドラマ制作センターというからにはドラマの制作をするのが仕事です。しかし私が思い付く企画は、最初にドラマでアウトプットするよりも、スマホゲームで立ち上げた方が良さそうだったり、イベントで観測気球を上げてからの方が良さそうだったり、マンガでフリを貯めた方が良さそうだったりするものばかりでした。当然ドラマを制作するということが仕事ですからドラマの企画にしなければなりません。苦心しながら何とかドラマ企画に変えましたが、そんな企画は当然「ドラマである必然がない」ので成立しません。それ以前は『ヌメロン』［※04］のように「スマホアプリ企画のためにテレビを使う」ようなことも実現できていたので窮屈に感じたこと

はありませんでしたが、「テレビでアウトプットすることが最適ではない企画ストックが山ほどある」ことに気づきました。私がテレビ局を辞めて独立した理由のひとつです。いつか私がサラリーマンを辞めた理由などをまとめた本を出したいと思っています。仮タイトルは「大企業やめてみたら5年間はホントはこんなだった」です(笑)。

自分の専門分野にとらわれていると気がつき難くなってしまうことですが、「企画する」という行為は、どんなメディアで行ったとしても根本的には同じ作業です。テレビも、YouTubeも、本も雑誌も、飲み会でも旅行でも。「企画して、仲間を集めて、お金を集めて、アウトプットする」これだけなんです。世の中の企画は、すべてこのプロセスで出来ています。ですから「アウトプット先を選ぶのも企画の一部」です。

とりわけ今は、SNSでいくらでも発信できます。以前は企画しても、そのアウトプットは一部の人しか関われないメディア企業の力が必要だったり、高価な機材がないとアウトプットまでたどり着けませんでした。ですから「雑誌の企画」「テレビの企画」のように枕詞があるのがあたり前だったのです。今はタダで世界中に発信できますし、タダで使える新しいメディアが毎年のように誕生し、その属性も多様化しつつあります。「企画」がメディアを選ぶ時代です。

最後にあえて言いますが上記は理想論です。企画を生業にするうえで「自由なスタート地点から企画し予算をもらえること」はほぼありません。本書では主にビジネスシーンにおける企画の考え方や向き合い方、心の持ち方をお話ししてきました。ビジネスにおいて「企画」と関わるうえで、とても大切なことばかりなのですが、少し窮屈に感じられたかもしれません。しかし、「企画」は本来自由です。もし、あなたが企画することに少し自信が持てたなら、メディアや予算に囚われることなく「企画」本位で進めることに、ぜひ挑戦して頂きたいのです。

私は今、「Ａｄａｍ33」という動画コンテンツを企画しています。誤解を恐れずに言えば「新しい『逃走中』」のような動画企画です。私はこの数年、様々な方から『逃走中』みたいな新しい企画を考えて」とよく頼まれました。その「新しい『逃走中』」というものが、適切なのか何を指しているのかはさておき、たくさんのヘンテコな企画を考えました。しかし、結局どの企画も実現には至っていません。その理由は様々ですが、要は「理解してもらえなかった」ということにつきます。「企画は伝わらない」ものですから、伝えられなかった私の力不足に他なりませんし、よく考えてみれば『逃走中』も『ヌメロン』も『有吉の夏休み』も企画当初は誰にも理解してもらえませんでした。

誤解していただきたくないのですが、これはよくあることなのです。今まで世の中でヒットした企画は、当初は理解されていなかったものがほとんどでしょう。プレゼン段階や黎明期は支持者はごく少数だったはずです。

「Ａｄａｍ33」はごく少数の理解者と共に制作進行中です。その制作プロセスは新しく立ち上げたYouTubeチャンネル「高瀬敦也コンテンツファクトリー」で随時ドキュメント配信することにしています。費用は自腹で賄う予定です。もしかしたらクラウドファウンディングも使うかもしれません。全編ではなく一部分だけ先に作ってTwitterなどを使って観測気球を上げます。評判が悪くても全編創るつもりですが(笑)。これはまさに「Ａｄａｍ33」という「企画本位で進めているプロジェクト」です。

「企画が進まない」理由はいくらでもあります。でも、その理由は本当に「理由」になっているのでしょうか。ハードルを超えるのではなく「そもそもハードルがなかったことにするようなワガママな考え方」でもまかり通ってしまう展開はよくあります。そんな展開で進めるために必要なツールも揃っていますし、そういう進め方をポジティブに受け止める社会になってきました。企画本位の考え方でどんどん進めてみてください。

第5章 企画を受け取る

chapter 5

Evaluating Plans

ここまでは「企画」について、「企画する側の立場」で知っておいて欲しいこと、注意して欲しいことをお話ししてきました。本書以外でも「企画」について書かれた本は「企画する側」の視点によるものばかりだったと思います。しかし「企画」を主語にしたとき「企画を受け取る側」の役割はとても重要です。ここからは、「企画を受け取る側」の視点でお話をしていきたいと思います。

企画は共同作業

企画が成功するためには、企画を受け取る側も重要な役割を担っています。「企画を受け取る側」とは、たとえば上司として部下から企画を受け取る人、広告主として広告代理店に企画を発注する人、投資家として起業家から事業アイデアを提案される人など、企画者から提案された企画を承認や決裁する立場にある人のことを指します。

現在、自分が企画する側で、受け取る側の仕事はしていない方は、「自分には関係ない」と感じるかもしれませんが、そういった方にもぜひ読んでいただければと思います。「企画を受け取る側の気持ちや手の内を知ること」は大きなメリットです。

私は、どちら側の仕事も数多くしてきました。テレビ局時代は社内制作セクションや制作会社から企画を受け取ることもありましたし、それを上司にプレゼンもしていました。現在も企画者として様々な企業や自治体に提案したり、様々なクリエイターから企画を受け取ったりしています。

まず「企画を受け取る側」についてのノウハウをお伝えする前に、認識していただきたいことは、「企画を受け取る側は企画する側と対立する存在ではない」ということです。企画を受け取る側は「クライアントや出資者として企画者にお金を払う立場」や「企画者の上司として決裁する立場」であることが多いですが、企画者と対峙する立場に居続けるわけではありません。企画を受け取る側にはまず「企画を承認する役割」がありますが、承認した後は「企画者と共に同走する共犯者やパートナー」になります。

企画は共同作業です。「お金を払っているから」「企画は部下の仕事だから」と受け身になり過ぎず「企画者から最大限のパフォーマンスを引き出そう」という姿勢で臨んでください。こうした姿勢は、どんなに有名な企画者に依頼するよりも、企画の成功確率を上げることになります。

全レイヤーの目的を共有する

企画を受け取る側がはじめに必ず行わなければいけないことは「目的を企画者と共有すること」です。部下や後輩に仕事を教える場面を想像すれば、目的を伝えた方がスムーズなことは、お分かりいただけるかと思います。たとえば部下に「収入印紙を貼る」という業務を引き継ぐ場合、「ここところに印鑑を押して」と伝えるだけよりも、収入印紙を貼る目的や割り印の役割も伝えた方が、後輩自身が自分の仕事をチェックする視点が的確になるため、ミスが減るはずです。

企画についても同じことが言えます。あらかじめ目的を共有した方が、企画を修正する手間が省け、スムーズに企画を実現させることができます。

企画をオーダーする際に、多くの方は「売上を上げる企画を」とか「会社のイメージアップのために」とか、何らかの目的共有はしているかと思います。しかし、注意したいのは、「全レイヤーの目的を共有できているか」ということです。

たとえば、「バズる新商品開発」という目的があったとします。この目的を共有することはしていても、「そもそもなぜこの目的を達成したいのか」という上位レイヤーの目的を企画者に共有していない場合が多くあります。ひどい時は自分でもよく分かっていない場合もあります。

ひと口に「バズる新商品開発」といっても、「自社のオンラインサービスの認知を広げたくてバズらせたい」のか、「長い間会社を支える売上の柱をつくりたい」のか、上位にある目的によって、企画の方向性は変わりますよね。さらに、「ジェンダー

すべてのレイヤーの目的を共有しておく

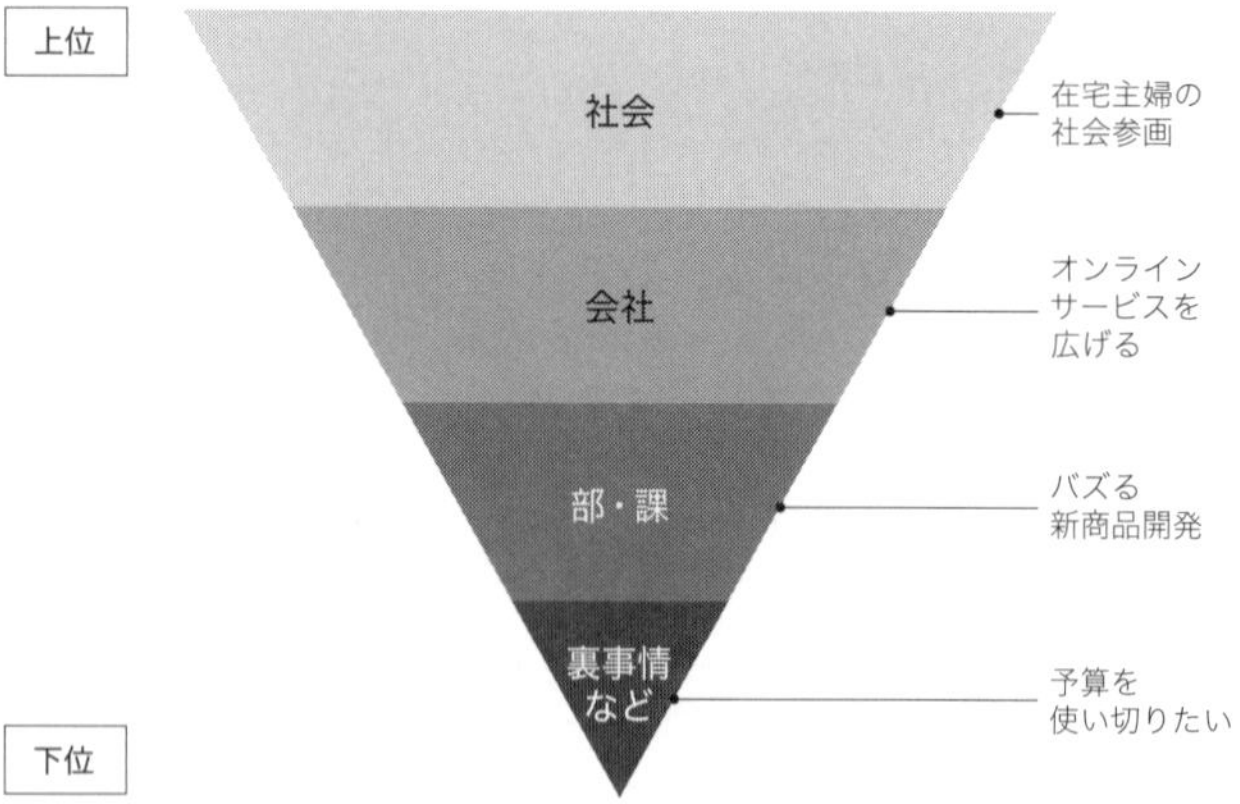

差別をなくす」「ゴミを減らす」など、社会に対して提供したい価値や目的があり「それから外れるものは実現させられない」という場合もあるかもしれません。上位の目的が共有できていないと、提案して欲しい企画と異なるものが集まります。中間管理職の人が企画を受け取る側にある場合、いざ企画を役員会で承認してもらおう、という段階で「そういうことじゃない」と上位の目的とのズレに気づく、というケースもあるでしょう。

一方で、下位の目的が共有されていない場合も要注意です。「会社のイメージアップのため」と言いつつ、売上が上がらないと「こんなはずじゃ……」と不満に感じる、ということはありますよね。これは、企画者に伝えた目的より、下位の目的が存在していたから起こることです。それを企画者に伝えていないと、「何か違うな」「思っていた成果が上がらないな」という事態に陥ってしまいます。

「予算が余ったから使い切りたいだけ」「上司に企画が通りさえすれば良い」など、カッコイイとは言えない目的だと、対外的に伝えにくいかもしれません。しかし、腹を割ってリアルな目的まで伝えた方が、目的達成の近道になります。

優秀な企画者は「先回り」して隠れた目的を「察して」考えてくれますが、原則的には「すべてのレイヤーの目的を共有しておくこと」をお薦めします。

こだわりを見極める

企画を受け取る際に必ずして欲しいことは「自分の頭に企画のイメージ映像が浮かぶまで、企画者に問い続ける」ということです。たとえば「ラーメンマニア大集合！小麦粉ガマン選手権」では「何人が何日間ダイエットするのか」「ダイエットする場所はそれぞれの自宅なのか、合宿スタイルなのか」「参加者はどの程度太っているのか」「進行役は応援するスタンスなのか、リタイアに誘導するスタンスなのか」など、「映像が浮かばないな」と感じたところは徹底的に確認した方が良いです。

次に企画者の意図を確認します。言い替えると、企画者が「目的に対して根拠をもって企画したか確認する」ということです。「この媒体を選んだのはなぜか」「そのターゲットを選んだのはなぜか」「そのターゲットがこの企画を拡散したいと思う理由は何なのか」というように、「なぜ」の答えに「なぜ」を重ねます。

確認を続けると、企画者が企画の目的をどの程度の粒度で把握していて、どういうロジックで達成させようとしているのかがクリアになってきます。企画の一つひとつの要素が、目的を達成させるために根拠をもって設計したものであれば、問題ありません。「プライドを持った企画者」であれば、この「なぜ」に必ず答えることができるはずです。そうではない企画者には仕事を任せない方がベターです。

「なぜ」と企画者に意図を問うのは、企画に違和感を覚えた時にも効果的です。企画を受け取ると、「この部分はこうした方がいいのでは？」と違和感を覚えることがあると思います。企画の鉄則は「企画を企画者以外が変えないこと」です。もし、企画者以外が企画を変えてしまうと、責任の所在があいまいになり、失敗の原因が分かり難くなってしまいます。

また、企画者が企画を提案している時点で、提案するのをやめたボツ案が存在しています。企画を受け取る側が「こうした方がいいのでは？」と感じる案は、既にボツ案として存在する可能性が高いのです。ボツ案に対して企画者側も「悪くはない」と思っていた場合、ボツ企画に寄り戻す可能性もありますが、やはり「当初の企画の方が目的に合致している」という場合は多いです。ですから、企画に違和感を覚えたら「この部分はこうした方がいいと思う」と企画を変えさせようとするのではなく、「なぜこの部分はこうなっているのか」と意図を確認する方が合理的です。

受け取る側が想定する以上に「広い視野で考えられている」企画かもしれませんし、「単に企画の目的や前提が間違って共有されていただけ」かもしれません。私の経験だと、企画の違和感の多くは、企画者に目的が伝わっていないことが原因であることが多いです。企画者に伝えていない目的があった場合や、伝えたつもりでも、言葉が足りなかった場合もあるでしょう。一口に「売上を上げることが目的」といっても「どの程度売りたいのか」「誰に売りたいのか」「いつ売りたいのか」細かい差異は存在します。企画者がどこまで細かく目的を把握して、それを企画に反映させているかの確認までした方が後々ラクになります。

そして、企画を選ぶとき、最終的には「好きな企画」を選ぶことをお薦めします。「その企画者のことが好きだから」という理由でも良いです。

企画は、受け取る側のモチベーションによっても成功確率が変わります。また、企画は「ロジックの積み上げで、ハズす確率を下げること」はできますが、確実に当てるようなことは出来ません。ですから「好き嫌い」で選ぶことに合理性があるのです。株式投資をする際に「好きな会社を買った方が良い」と言われることに似ています。企画の選定もある意味では投資ですからね。

「企画を通す」ということは「自分の命運を企画に委ねる」ということです。成功すれば手柄になりますし、失敗したら責任を負わされるケースもあるでしょう。「こだわりを見極める」というのは、言い替えれば「受け取る側がその企画に対して責任を取れるかどうか」ということです。企画を通した時点で「共犯者」になるのです。

ダメなものはダメ

企画する側にとって、企画は「自分の熱意と思考のすべてを注いだもの」です。

一方で、企画を受け取る側にとって、通す企画というのは、たくさんの受け取った中のほんの一部でしかありません。そのため、企画を受け取る側は、どれだけ熱意が込められていようと、ほとんどの企画や企画者に対して断りの返事をすることになります。

いくらその企画者が、たくさんいるうちのひとりだとしても、無下にすることは得策ではありません。八方美人でいる必要はありませんし、ダメな企画者はもちろんいます。ただ、将来、別の機会で力になってくれる可能性をなくす必要もありません。では、企画を断る時、どうすれば良いでしょうか。

1つ目は「断る理由をハッキリさせる」ということです。特に、断る理由がロジックによるものなのか、主観によるものなのかは必ずハッキリさせてください。たとえば「企画が目的と合致していない」「オリエンで伝えた内容に反している」など、ロジックで説明できる場合は端的に伝えてあげてください。

気を付けたいのは、主観による理由で断る場合です。企画を受け取る側が「なんとなく嫌」だと感じて断るとき、どうにかロジックで理由をこじつけようとしてしまうことがあります。しかし、目的や前提は企画の発注時点で共有しているはずです。「なぜそれを最初に言わなかったのか」「最初と言っていることが違う」と、かえって不信感を与えてしまいます。企画の判断に好き嫌いはあたり前にあります。直感的にハマらないものには、「理由はない」「嫌い」など「主観で判断していること」を明確にした方が良いです。「嫌い」なのが理由なのに無理矢理ロジックで断ると、「その部分を解決すればＯＫ」と受け取られることもあります。そうするとまた同様のラリーが繰り返され、お互いに時間の無駄です。

２つ目は、相手のためになるような断り方をするということです。たとえば部下のように、育成したい相手であれば、企画の良い部分を褒め、良くない部分をダメ出しして、再度企画を練り直させるのが良いでしょう。一方で、取引先の企画者など育成する立場にない場合は、ダメな時はハッキリダメだと伝えましょう。これは、相手の時間を無駄にしないためです。伝え方のマナーとして「まず良いところを褒める」という方は多いかもしれませんが、「まだ可能性があるのでは？」と勘違いさせるだけです。それなりにちゃんとした企画者なら「ダメなものはダメ」と、企画と決裁者には相性があることを理解しています。

「面白い企画」ってなんだ

企画を評価したり感想を述べるとき「面白い」「面白くない」という言い方をすることは多いでしょう。とりあえずの評価としては便利な表現なのでつい使いがちです。しかし、企画者とコミュニケーションを取るうえで適切な表現とは言えません。

ちなみに私は自分が考えた企画を「面白いから当たる」と思ったことは一度もありません。「制作者が面白がっていないと当たらない」と言われたりしますが「面白がる」のと「面白い」のは違います。面白いかどうかを感じるのはあくまで消費者やユーザーです。

「面白いか面白くないか」で評価する人は、自分の「好き嫌い」の言い替えで表現している場合が多いと思います。先ほどお話ししたとおり、「好き嫌いは本能的な感情」ですから理由がなくてあたり前ですし、好き嫌いの判断は尊重されるべきものです。個人的な感情で判断したのであれば、「面白い」という言葉に逃げずに、しっかり「個人的感情で判断したこと」を企画者に伝えることが大切です。「この企画は面白くないからやめよう」「俺は面白いと思ったんだけど何でダメだったんだろうね」などのリアクションは、いわば思考放棄です。

こんなことばかり言っていると偏屈に思われるかもしれませんが、思考を明確にするうえで大切な意識です。「面白い」「面白くない」は企画シーンにおいて便利な言葉ですから安易に使ってしまいます。便利な理由は「面白い」がとても「曖昧な言葉」だからです。あえて「面白い」を封印して企画の判断をしてみてください。そうするとその企画に対する自分の判断が、ロジックなのか好き嫌いなのかはっきりしますし、企画の解像度が上がります。

「昔やったから」は最悪の断り方

企画を断る理由として「昔やったから」「今まであったから」があると思います。これは、最もしてはいけないリアクションです。自ら可能性を潰す行為です。ダメな決裁者や発注者ほど、過去の類似企画と比べようとします。その比較にはあまり意味がありません。

まず、前提として「同じ企画内容だとしても、企画者が異なれば企画は別物になる」という理解が必要です。これは、クラシックコンサートをイメージするのが分かりやすいです。まったく同じ曲でも、指揮者の違いにより曲の解釈が異なり、テンポや強調するパートが変わります。オペラは演技や歌唱と演奏を楽しむものですが、物語のストーリーは同じです。でもオペラが好きな人は同じ作品を何度も観ます。観客は、指揮者や楽団、もっと言えば会場や時期など、それぞれの違いを楽しんでいるのです。また、『スター・ウォーズ』の生みの親はジョージ・ルーカスですが、エピソード7・8・9はそれまでの作風と大きく変わりましたよね。善し悪しはともかくディズニー主導の下、別の監督たちによってつくられたからです。

企画の考え方として「どこか一部を置き替える」というお話をしましたが、同じような企画で「つくり手を置き替える」ということ自体が「企画」になります。

過去に似た企画が存在したからといって、その企画が失敗するとは限りません。むしろ、似た企画があったということはポジティブなことです。一度も存在したことのない企画よりも、実現したことがある分「人々に受け入れられる可能性が高い」ということになりますし、そもそも企画は「世に出るタイミング」だけでも結果が大きく変わります。

「昔やったから」「今まであったから」という理由だけで「やらない」と判断するのは、企画が持つ可能性を潰してしまうことになります。

インプットがないとジャッジできない

「インプットがないと企画できない」という話をしましたが、企画を受け取る側もインプットがないと企画の成功確率は下がってしまいます。理由のひとつは、インプットがあると適切なジャッジができるからです。

たとえば、30代既婚女性への訴求が目的で、企画者がインスタグラマーマサヨさんを起用した企画を考えたとします。もし「マサヨさんは20代の人に人気で、最近ではナオミさんというママタレントが30代女性に人気だ」という情報があれば、「なぜナオミさんではなくマサヨさんを選んだのか」とさらに踏み込んだ内容について確認することができます。企画者の提案が目的に合致しているか判断できるレベルでのインプットは最低限必要です。こちらは分かりやすい理由だと思います。

「企画を受け取る側もインプットが必要な理由」の2つ目を強調したいのですが、それは「企画と企画者には相性がある」ということです。

企画者には、企画によって得意不得意が存在します。そのため、自分が欲しい企画と相性が良い企画者の情報があれば、企画の成功確率は上がります。企画者の相性の良さを知るためには、まず企画者のクセを知ることが大切です。クセというのは、言い替えれば「○○さんっぽい」「○○さんらしい」ということです。

「隈研吾さんっぽいデザイン」「蜷川実花さんっぽい色彩」といえば何となく完成品をイメージできますよね。それと同じように「○○さんっぽい」とイメージできる企画者のクセが分かれば、自分が発注したい企画との相性も分かるようになります。

企画者のクセを知る方法は、話題になった企画や自分の気になった企画について、誰が企画したのかを確認しておくことです。著名ではない広告などは会社名義で発信されている場合もありますが、主たる企画者が誰なのか、個人名を確認することが大切です。もし、同じ業界にいる場合など、企画に近い人を知っている場合は「これ、誰がやったの?」と直接聞いてみることをお薦めします。意外と「中心的役割をしている人の名前がクレジットされていない」ケースも多いです。

数多くの企画を見ていくうちに、「あの企画も、この企画も○○さんの企画なんだ! 確かにこの辺のアプローチが似ているような……」と、企画者のクセが見抜けるようになっていきます。クセを知っている企画者が多ければ「こういう課題があるから、この人に企画をお願いしよう」と企画の性質によって相性の良い企画者を起用できるようになります。これが出来ると、後は安心して任せられますから、後々、決裁者や発注者のチューニング作業が減り、工数が少なくクオリティの高い結果が得られます。

企画者をコスパよく働かせる方法

企画者が「この企画はやらされ仕事だ」という意識で臨んでいると、企画の成功率は下がります。「心からやりたいと思っている企画」であれば「たとえ休日返上になっても成功させよう」と奮闘するでしょうが、いわゆる「やらされ仕事の企画」であれば「必要最低限度を超えた工数をかけようとは思わない」のが一般的な感覚です。

ここでお話ししたいことは、何か精神論や美談のようなことではありません。「やりたいと思わせる」ことは、発注する側にとって「コスパが各段によくなる」ということです。従業員やアウトソーサーを能動的な気持ちにさせることで生産性が上がるのは、どんな業種でも同じですが、とりわけ企画業は工数を計算し難いですし、どんな仕事をしているか外部から正確に認識することはできません。誤解を恐れずに言えば、いくらでも「やったふり」「考えたふり」が出来る仕事です。逆に、風呂や食事やトイレの最中にずっと脳を稼働させていても、それがアピールできない仕事でもあります。それだけにモチベーションの差が結果を大きく左右します。

企画の発注作業において「やりたいと思わせること」は生産性を上げるために重要なプロデュース術です。

企画を依頼するうえで、一番効率的な方法は「その企画を一番やりたいと思っている人に頼むこと」です。分かりやすいですよね。

また、どんな企画者に対しても「やりたい」と思わせる最も有効な手段は「大義を説く」ということです。大義とは、文字どおり大きな意義という意味です。どんな仕事にも「若い女性の売上を○%伸ばす」「会社の認知度を○%向上させる」など、現実的な目標が設定されていると思いますが、大義はそれよりも高い視座で考えられたものだと捉えてください。大義には社会的なものから、「あなたの人生の役に立つ」という個人的なものもあります。相手がどんな大義であれば共感してくれるのか考えながら共有するのが良いでしょう。「大義といえば、とりあえずＳＤＧｓかな」と短絡的に考えるのは違います。

企画者とは、優秀な人であればあるほど「仕事に社会性を欲しがる」生き物です。企画業とは曖昧で目に見えないものだからこそ「目に見え難く、人が善いとする目的」に包まれたい性質があります。

私が企画制作者として参加し、「受け取る側からの説明」によってやる気を引き出された話をご紹介します。先にご紹介した「お金のまなびば！」というYouTubeチャンネルで、私が動画の企画制作をしているときの話です。

このチャンネルは「ひふみ投信」などを運用している、レオス・キャピタルワークス株式会社が運営しています。もちろん、数値的な目標もありますが、私が心惹かれたのは、レオス社の人たちが本気で心の底から「世の中をよくしたい」と思っているところです。同社は「投資とは、個別の会社の中身をよく見たうえで長期的に伸びていくと考えられる会社にお金を預け、会社の成長とともに株価が伸びていくことに期待すること」と定義しています。しかし「投資とは何か」を知らないために、投資に悪いイメージを持っている人が多いのが現実です。だからこそ「広報活動によって正しい理解を拡げ、投資する人を増やし、世の中を良くしていきたい」ということでした。

正直なところ、私はこの話を聞くまで、投資にはさほど興味がありませんでした。しかし、「投資の本来の役割を知り、大義を共有された」ことで、それはまさに今「私がしなければいけないと感じていたこと」だと気づかされました。さらに「投資についてもっと多くの人に知ってもらいたい。この企画で投資に興味を持つ人を増やしたい」と主体的かつ能動的に考えるようになりました。

受託における企画業は、クライアントのオーダーを安全に完了することが仕事ですし、その完了とアウトプットに喜びを感じる仕事です。しかし大義があり、それに共感したときの企画者は、発注側と同じく「完全な当事者」となります。

発注者は、「実行部隊である企画者に当事者意識をいかに持たせるか」が腕の見せ所です。優秀な人やチームを動かすには大義と共感が必要です。

第

6

章

企画力の正体

chapter 6

The Real Planning Ability

企画力とはシステムである

ここで、「企画力をつけるにはどうしたらよいか」という本書執筆のきっかけになった質問に、改めて答えていきたいと思います。

本書では、企画とは「何かを実行するために必要な事を決めること」だと定義しました。「企画力」とは「企画」の「力」ですが、今までお話ししたとおり「企画」は概念であり、結果であり、とても曖昧なものですから「企画力」という「力」は存在しません。存在しないのですから「企画力がない」とか「企画力がつかない」というのもあたり前です。

企画を実現するまでの一連のプロセスを思い浮かべればご理解いただけると思いますが、そもそも「企画力」という単独で存在するスキルはありません。企画力とは「システム」です。企画を世に出し、実現させるうえで必要な機能のネットワークなのです。

複雑なシステムなため、これまでは「企画力」という曖昧な言葉で包括的に認識されてきました。「企画力」という、対象がはっきりしないこの言葉に振り回される人が多かったのです。

「企画力」は「インプット力」「結び付け力」「多産力」「巻き込み力」「やり切り力」の5つの力に分解できます。今までいろいろお話ししてきましたが、本書ではここまでおおよそこの5つの力について述べてきました。本書のまとめも兼ねて、この5つの力に整理して企画を捉え直します。

ちなみに「企画力は単独のスキルではない」ということを示すために、分かりやすく5つに分類したに過ぎません。「企画力」を高めようと考える際には、企画を実現するプロセスにおいて「どんな機能・能力・習慣があれば実現できるのか」という視点で、5つの力をたたき台にさらに細分化し、企画に対する思考の解像度を高めていただければと思います。

企画力① インプット力

まず企画力の1つ目は「インプット力」です。インプット力とは「知識や体験を頭に入れる力」のことです。

既にお伝えしたとおり、企画はゼロから生み出すものではありません。過去の自分、今の自分の周りにあるすべてのことから創られますから、「誰でも今すぐ企画することが可能」です。しかし、企画はたくさんの可能性から「道筋を決めていくこと」ですから、たくさんの可能性があればあるほど有利です。

また、企画を考える過程だけでなく、人に企画を伝える際にも、インプット力は必要です。「ドラえもんのジャイアンの歌みたいな」と、企画のニュアンスをパッと人に伝えるためには、そもそも「ジャイアンのボエ〜という美声」を知っておく必要があります。少なくとも「ヒットした作品」「みんなが知っている情報」は最低限インプットしておくのがお薦めです。

インプット力を高めるためには次の2つを意識すると良いです。1つ目は、「尖った情報」をインプットすることです。尖った情報とは、誰かの相談事、現地に足を運んだ時の空気感など、第3者によって情報を削ぎ落とされていない、なるべく生に近い状態の情報です。マーケティングデータのように平均化されている情報、すなわち「丸い情報」はあくまでも決裁者を説得する手段に過ぎません。丸い情報をもとにつくった企画は、誰の心にも刺さらないものとなってしまいます。

インプットするときに意識して欲しいことの2つ目は、なるべくラクをするということです。時間には限りがありますから、無理をしてインプットしたとしても、結局インプットの量は限られてきます。それよりは「他人の思考を借りて、その人たちが面白いと言った作品だけをチェックする」など、なるべくラクにたくさんの情報を得ることを意識すれば、インプットの量と質は格段に上がるはずです。

ある程度インプットに慣れてきたら、「みんな」が知らない情報のインプットを意識的に行います。これには自分独自の情報源を見つけるなど、インプット方法そのものにも工夫が必要です。

このようなインプットを続けていくとほかの人から「今はどんなことを考えているの？」「今注目しているものは何？」と、自分独自の情報源や視点そのものに需要が生まれるようになってきます。情報は「情報のあるところに集まる性質」がありますから、周囲から勝手に情報が集まるようになってきます。自分が情報のターミナルになるイメージです。

また、情報には旬がありますから、継続的なアップデートが必要です。そういう意味でもラクをして楽しくできることは大切です。

［インプット力　まとめ］

・インプット力とは、知識や体験を頭に取り込む力のこと
・ゼロから企画は生まれない
・「丸い情報」より「尖った情報」
・なるべくラクにたくさんの情報をインプットする
・情報のターミナルになる

企画力② 結び付け力

企画力の2つ目は「結び付け力」です。結び付け力とは「無限にある選択肢から何かを組み合わせる力」のことです。企画を考えるうえで、インプットは不可欠ですが、一方でインプットだけでは企画することはできません。本書を手に取ってくださった方の多くは、この部分に課題感を覚えているかもしれません。

結び付け力を高めるために最も有効な視点が「人起点で結び付ける」ということです。2つのものを結び付ける時、たとえば「ビール」と「イス」を無機物のまま結び付けるのではなく「ビールを飲んでいる人の気持ち」と「椅子に座る人の気持ち」といったように、人間の感情を軸に結び付けると上手くいく確率が上がります。これはつまり「生活者視点で考える」ということになります。企画は最終的に「誰かにやってもらう、使ってもらう」ことですから「生活者視点で結び付ける」ことは結果として近道になります。

そして、避けて通れないのは「マネタイズとの結び付け」です。もちろん、初めのうちは、企画が実現して「嬉しい」「楽しい」という純粋な気持ちが最も大切です。

しかし、企画を長く大きく育てていくためには、マネタイズが必要です。シンプルに言えば、儲かる企画は絶対に実現します。やらない理由がありませんよね。また、企画は続けてこそ成立するものも多いです。続けるという点においてもマネタイズはとても重要です。人は「感情が動いたときにお金を使います」から、先ほどお話ししたように「生活者視点」で結び付いた企画であれば、マネタイズとも必然的に結び付いていきます。

結び付ける過程において、他に私が意識しているのは「誰かとしゃべること」「体を動かすこと」「よく寝ること」です。言わずもがな、脳を効率的に活性させるにはどうしたらいいかということです。同じ環境や、似たような行動パターンにおいて脳の働きは限定的です。脳が活性するスイッチは必ずありますから、「何かを結び付けよう」と悶々とするよりも、「いつもと違うことをしたりリラックスしながら、脳が動き始めるのを待とう」と考えることが有効です。

［結び付け力　まとめ］

・結び付け力とは、無限にある選択肢から何かを組み合わせる力のこと
・インプットしたものを結び付ける
・人の気持ちで結び付ける
・続けるためにマネタイズは必須
・考えるよりも脳を動かす

企画力③　多産力

企画力の3つ目は「多産力」です。成功する企画を生むための、最高かつ確実な方法は、とにかく「たくさんの企画を世に出す」ということです。「量が質を生む」とはよく言いますが、ここではむしろ「数打ちゃ当たる」くらい乱暴な意味です。

前提として理解していただきたいのは「企画なんて何が当たるか分からない」ということです。企画は「数を打たないと当たらない」性質のものです。こんなことを言うと身も蓋もないかもしれませんが、企画の成功は、かなりの部分で「運」の要素で左右されます。「運」とはある意味では確率ですから、「運」に立ち向かうには「多く産んで確率を上げる」ことが最適です。

実は「たくさんの企画を世に出している人」は本当に少数です。ですから多く世に出し続けるだけで他者と差がつきます。「多産力」は誰にでも「企画力」を高められるシンプルな力です。そして、インプット力をつけても、結び付け力が高まっても「多産しないとムダになる」と言っても過言ではありません。

では、そもそも企画が「産まれる」瞬間とはいつでしょうか。自分が企画を思い付いた瞬間でしょうか。そうではありません。企画とは「決める」ことですが、それは誰かに伝えなければ意味がありません。決めたことに対して誰かの反応が生まれたとき、それが「企画が産まれた瞬間」です。

企画が産まれる瞬間

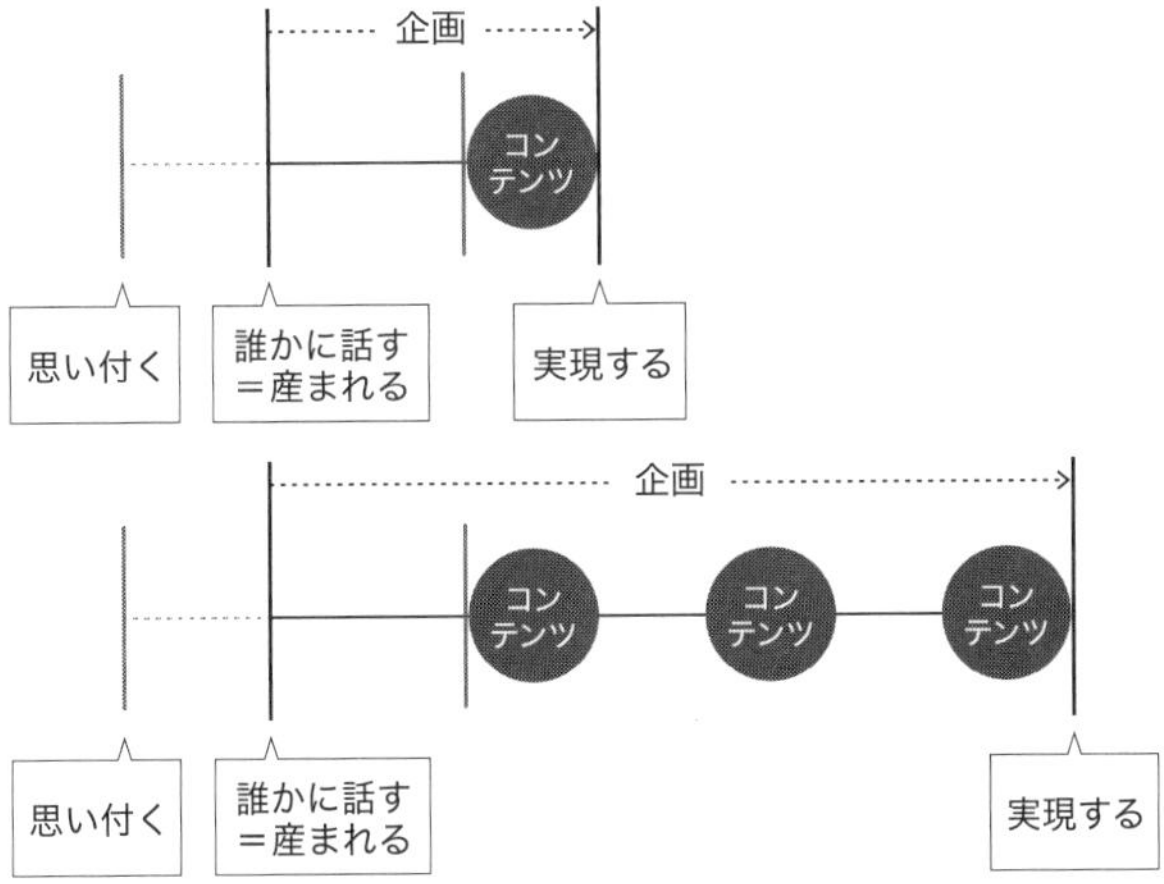

頭に描いた画が、まだ自分1人の頭の中にあるだけの状態では企画とは呼べません。量子論における「モノは人の認識（観測）によってはじめて存在する」という話にも似ています。企画は第三者が認識してこそ存在します。

このことから、多産力とは「脳内に描いたイメージをひとつでも多く、人に伝える力」のことだと言えるでしょう。

まずは、横にいる同僚、友人、パートナー、誰でも構いません。自分がやってみたいと思ったことを伝えてみてください。「頭にある画を企画として正確に人に伝える」のは、とても難しいことが分かると思います。何度も繰り返せば、自分に足りない「共通言語」も分かりますし、いずれ必ずうまく伝えられるようになっていきます。

［多産力　まとめ］

・企画なんて何が当たるか分からない
・当たる確率を上げるにはたくさんの企画を世に出すことが不可欠
・企画を多産している人はほとんどいない
・「企画が生まれる瞬間」とは頭に思い描いた画を誰かに伝えた時
・多産力とは、ひとつでも多く、頭に描いた企画を人に伝える力のこと

企画力④ 巻き込み力

企画力の構成要素の4つ目は「巻き込み力」です。巻き込み力とは「自分の企画に協力してくれる仲間を増やす力」のことです。大半の企画は、ひとりでは実現できませんから、企画力というネットワークには必要不可欠です。

人を巻き込むことに苦手意識のある人、たとえばネガティブな性格や内向的なタイプの人は、人を巻き込むことが難しいと感じるかもしれません。しかし、企画力の文脈における巻き込み力は、いわゆるコミュニケーション能力とは少し異なります。「巻き込む」とは「手伝ってほしいという交渉」ではありません。いわば「頼る」ということです。

頼られて嫌な気持ちになる人はほとんどいません。頼る時は思いっきり頼ります。思っていた以上に相手が企画に協力してくれるときもあります。そのときは相手がすでに「巻き込まれ」ています。頼られ少しでも動き始めてくれたらもう大丈夫です。巻き込まれた相手はもはや「共犯者」であり「当事者」です。

理想的には、知らず知らずのうちに第三者が巻き込まれてしまう状態をつくることです。「お願いされたわけではないが、自分から協力してしまった」といった経験は一度くらいあるのではないでしょうか。この状態を常につくることができれば、極論、自分自身が頑張らなくても、自然と企画が実現するようになります。

もし企画者である自分が挫折しそうになっても、巻き込んでしまった相手がいる限り、なかなか辞め難いですよね。人は意外と「自分だけのためには頑張れない生き物」です。誰かを巻き込むことは、結果として「企画を止められない理由」を増やすことになります。

多産していくうえでも、自分1人では物理的限界があります。やりたくても出来ない企画があるなら、誰かに頼りましょう。断られたら別の人を頼りましょう。巻き込まれてくれる人を増やすことは、多産することができるようになるということです。「巻き込み力」は「多産力」とも相互作用しています。

［巻き込み力　まとめ］

・巻き込み力とは、自分の企画に協力してくれる仲間を増やす力

・企画はひとりでは実現できない
・巻き込むとは頼ること
・巻き込まれた人は共犯者
・多産するためにも仲間を増やす

企画力⑤ やり切り力

企画力の構成要素の5つ目は「やり切り力」です。これは「企画が実現するまで諦めずに粘り強く取り組む力」のことで、言い替えれば「企画というボールを実現というゴールまで運び進める力」のことです。このやり切り力はとても重要です。なぜなら、企画の進行には障害がつきものだからです。急に会社の方針が変わったり、関係者と連絡が取れなくなったり、足を引っ張るヤツがいたり。企画者は様々な障害に対して、最前線で企画を進行する必要があります。「鬱陶しい」「面倒くさ

企画力のネットワーク

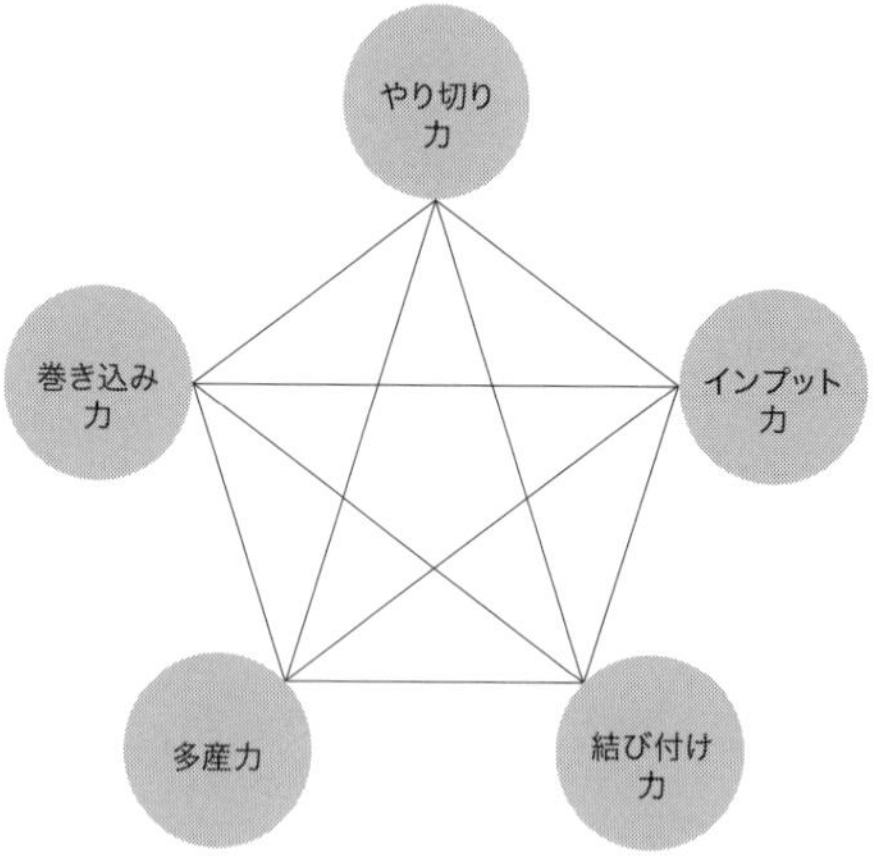

い」「こんなに大変ならやめてしまおう」と感じて止めてしまうことが多くあります。

一般的に、こうしたやり切り力は熱意から生まれるものと認識されますし、もちろんそれも必要ですが、もう少し力を抜いた理解をお薦めします。

端的に言えば「そもそも企画は実現しないものだ」と認識しておくことです。何かトラブルが起きても「さてて、ここからが本番だ」とドッシリ構えることができるのです。

ダメなものはさっさと諦めて次に向かうのも大切なことですが、本来実現できるものを諦めて得られる利益を失うのはもったいないですよね。実は「トラブると当たる」なんてジンクスもありま す。「トラブルや障壁が多い企画ほど実現すると成功するものだ」という意味です。これには企画者への勇気づけ的な意味合いもありますが、「障壁が多いということは、参入の障壁も高くて、企画の価値が高い」という意味でもあります。

一方で、「やり切り力」の酷使を防ぐ方法もあります。それは「先回り思考」です。「先回り思考」を備えておくと、それほど「やり切り力」が高くなくても、企画が実現しやすくなります。先回りで行動できれば、そもそもトラブルが起き難くなるからです。

「企画は実現しない」という達観したような視座で、「何が起きても、どんな方法でも、とにかく企画というボールを実現というゴールまで無理やりにでも運んでいく力」は、他4つの力を活かす源です。

［やり切り力　まとめ］

・やり切り力とは企画というボールを実現というゴールまで運び進める力のこと

- やり切り力は、企画力の中でも最も重要な要素
- そもそも企画は実現しないものだと認識する
- やり切り力と先回り思考の二段構えが役に立つ

実績は企画力の証明ではない

世の中、実績主義です。とりわけ日本ではその傾向が強いかもしれません。企画についても「誰に企画を任せるか」を判断するうえで実績は見られますし、実績のない見ず知らずの相手に大きな仕事を任せることはほとんどありません。大きな企業になればなるほど、その傾向は強いでしょう。そういう意味では「実績」も「企画力」の構成要素だと感じられている方も多いと思います。

実績の価値は「格」から「種類」へ

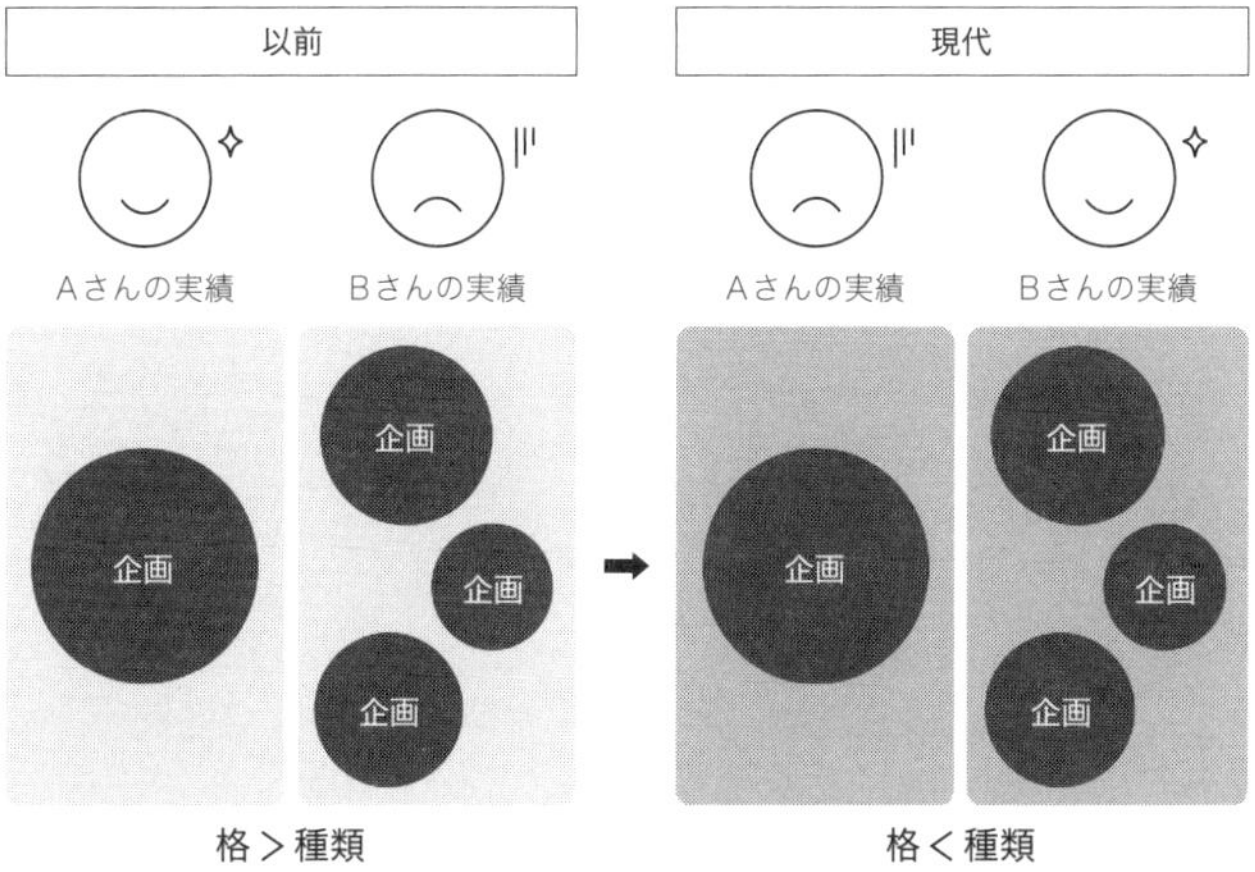

しかし、実績の捉え方は昔と今では、変化してきています。インターネットが発展する以前、実績とは「何を成功させたか（何をやったか）」でした。たとえば「有名になったあの企画を立ち上げた」とか「数億円規模の企画を実施した」といったようなことです。一方で近年は「何をしてきたか（何ができそうか）」という信用の方が、仕事に結び付きやすくなってきています。

これは、現代の「変化のスピードが増している」という背景によるものです。たとえ、大規模なプロジェクトや有名な作品を成功させた経験があっても、数年も経てば「それってスマホがない時代の話でしょ」とか「人間が車を運転していた時代だからできたよね」のように、再現性が低いものと認識されてしまいます（実際に再現性が低いかどうかは別の話ですが）。むしろ、実現した企画が有名でなく規模が小さくても、「この人ならうまくやってくれそう」と判断してもらえさえすれば問題ありません。言いたいのは、少なくとも企画業のフィールドにおいて、実績の価値が「格や規模」から「数や種類」にシフトしてきているということです。

私の経歴を例にしてみます。私が「『逃走中』というテレビ番組を企画した」という経歴は、「何を成功させたか（何をやったか）」という意味での実績でしかありません。一方で「いろいろなテレビ番組を企画した後、会社を複数経営し、YouTubeチャンネルもやるし、ＳＮＳを使ったプロモーション企画もする。ｗｅｂのサービスも作って運営している。マンガや絵本の原作を書いたり、Ｔシャツブランドやオーダーメイド家具事業をやっていたり、日本酒のプロデュースもしている」というと「何でもできる」という実績になり「他には何ができそうか」という期待を受けられます。手掛けた企画の幅の広さを示すことによって、「これまでの企画と分野は違うけれど、この人ならうちの会社の企画もできそう」という印象を与えることができるのです。

実際、テレビ局を退職した後、私に仕事を依頼してくださる方は、テレビ局員時代に制作した番組名よりも、独立後に手掛けた企画について興味を示す人がほとんどでした。

「何をしてきたか（何ができそうか）」の方が社会的価値が高くなった背景は、テクノロジーの進歩に他なりません。情報が増え、メディアが増え、コンテンツが増えました。結果としてあらゆる物事のアップデートが加速し、世の中の移り変わりが激しくなっていきます。1カ所にいると当然情報量は減りますから、世の中と乖離していきます。「何をやったか」と「何ができそうか」の違いは、「変化に順応できるか」どうかの違いです。

仕事に「失敗の少なさ・正確性」を求められていたのは、人間が大量生産を担っていた時代の話です。今、ミスなく正確に行わなければいけない仕事の大半は、ロボットに任されています。ですから、人間はロボットにはない創造性が求められているのです。ミスの少なさを測る尺度が減点法だとすれば、現代は加点法の時代です。「失敗を恐れて何もしない人」よりも、何度も失敗したとしても「自分で企画して実現させていく人」の方が活躍の場は広がるでしょう。

経歴の積み上げやキャリア形成においても、以前はジョブホッパーのようにすぐ仕事を変えてきた人は「ガマン弱い」とか「自分勝手」などのように転職市場においてネガティブな評価でした。しかし、最近では「アレも知ってるしコレも経験してるんだ」とポジティブに評価されます。逆に長く一社にいることが「専門性が高い」という評価と同時に「それしかできない」という印象を与えるようにもなってきました。長く同じ仕事をすることは決して悪いことではありませんが、キャリアへの評価基準は大きく変化しています。

失敗を恐れずどんどん企画してみてください。少なくとも企画というフィールドにおいて失敗はありません。もちろん私も失敗だらけです。今まで失敗した企画はひた隠しにしてきました(笑)。しかし最近では失敗した企画も「実績」として紹介しています。「こんなこともやりました。失敗しましたけどね」「こんな企画も始めてます。ぜんぜん上手くいってないですけどね」と自信満々に話しています。なぜならその「実績」が自分の「信頼」に結び付く時代になったからです。以前なら「そんなに失敗ばかりしたヤツには任せられない」となっていました。しかし今は「そんなに失敗したのなら、事前に回避できるだろうし、もし何かあってもうまく対処するだろう」となります。変化に順応し、加点法で価値を生もうとする姿勢が現代における「信頼」に繋がります。

ちなみにさきほどご紹介した私の「実績」のうち大失敗したものがひとつあります。それはTシャツブランド事業なのですが、その話はいずれ出版するかもしれない『大企業やめてみたら5年間はホントはこんなだった（仮）』でお話しできればと思います（笑）。

「何を成功させたか（何をやったか）」は過去のことで「何をしてきたか（何ができそうか）」は未来のことです。時代は未来思考を求めています。今までの実績の捉え方は「過去を再現できるか」でした。これからの実績の捉え方は「未来を創造できるか」です。

みんな、もう過去には興味がありません。

おわりに

この本には「企画のつくり方」という〝章〟もなければ〝小見出し〟もありません。本を買うとき、まず「もくじ」を見て検討する方も多いと思います。「企画の本なのに、肝心のつくり方が書いてないのかよ」と購入対象から外した人もいるのではないかと思います。実はこの本の構成を考えるとき、担当編集の方には「企画をつくる」という章を提案されていましたが、それに従って書き進めていたのですが、何かずっと違和感がありました。

前著は『人がうごく　コンテンツのつくり方』というタイトルで「世の中のものはすべてコンテンツである」という定義にたどり着き、まさに「つくり方」をお話しする本でした。しかし「企画をつくるってどういうことだろう」と改めて考えると、企画は「つくるもの」ではなく、「決めるプロセス」や「決めた結果」に過ぎないということに気づきました。企画は概念であってモノではないのです。

「コンテンツ」という言葉と同様に「企画」という言葉はとても便利な言葉です。

便利な言葉とは往々にして曖昧で、曖昧だからこそ広がっていきます。誰もがあたり前に共有している言葉ですが、実は「誰もちゃんとイメージを共有できていなかった」概念でした。だから「企画」や「コンテンツ」で悩んだり、振り回される人が多いのだと思います。

「企画」や「コンテンツ」は言葉の力によって生まれ、進み、価値がつきます。言葉で再定義し、しっかり言語化することは、曲がりなりにも企画者を名乗る私にとっても、必要な作業だったと感じています。

企画業は、とっても脆弱で、でも最強の職種ではないかと思います。あえて「職種」と言いましたが、企画業は職種ではありません。生き方です。「企画業」は私が無理やり探した自分の職業の代名詞です。

「なんでも屋」のような、「世の中のニーズに対して自分が変化する生き方」は得体が知れませんよね。自己紹介の時「私はナニ者です」と耳なじみのある職種や組織で表現できないことはネガティブな印象を与えるので、社会の中ではとても弱い存在でした。

しかし近年は職域にこだわることは衰退を意味するようになりました。ものづくりにこだわった優秀な日本の大手企業が、「時代や社会のニーズ起点で成長し続ける新興企業」にあっという間に取って代わられていますよね。その点、企画業は「誰かのために」「誰かと一緒に」「決めて」「生産する」する職業ですから、職域は無限です。

そして、企画は「時代やテクノロジーや人を置き替える」ことによって永遠に新しいものを生んでいけますから、「時代や社会の変化」はむしろ大好物です。そういう意味で、「企画業」はこれからの時代に最強の「生き方」なのではないかと思います。

そんな生き方を共有するためにオンラインサロンを開設することにしました。実は、前著『人がうごく コンテンツのつくり方』を書いた後に、「コンテンツをつくりたくても仲間がいなくて出来なかった」という話が多くありました。巻き込む人が見つからなかったということです。この本を書くことをきっかけに、そんな方たちが企画し、それぞれの才能をシェアしてコンテンツを世に出していく場所をつくることにしました。「コンテンツファクトリー２０３０サロン」というサロンです。

それぞれの「インプット」をシェアし、メンバー同士で「結び付け」て、足りない部分を補い合って「とにかくコンテンツを創りまくるサロン」です。まさに「企画力のネットワークシステム」をこのサロンに置き替えられればと思っています。

メディアが増え「発信することが存在すること」とも言える時代、メンバーと共に豊かな生活を得ていくことが目的です。私のノウハウも利用して、企画をどんどん世に出して、「多産」してもらえればと思っています。２０３０年までの時限サロンです。このサロンから出したコンテンツをまとめて２０３０年にドでかいお祭りをすることを決めています。

ご興味あればご自分のノウハウをシェアし、他メンバーを巻き込みながら、企画の実現にご利用ください。

ここからは、どうでもいい話なので読んでいただかなくても大丈夫です。私の夢の話です。

私の夢はひ孫に看取られながら１１２歳で死ぬことです。これは本当にどうでもいい話ですね（笑）。企画における夢でいえば、叶えたい夢が2つあります。それは「私の企画を集めたディズニーランドのようなファンタジックなテーマパーク」と「トランプに代わる新しいカード」をつくることです。

私は、幼い頃から妄想癖があり、仮想の世界に閉じこもりたいタイプの少年でした。架空の世界観を創るのが好きで、「１００年後の未来はこうなっていて……」と、よく妄想を膨らませてひとりで「脳内完結遊び」をしていました。自分がつくる映像企画は「世界観が暴走しがちだ」と自覚しているのですが、そのルーツは幼い頃の妄想から来ています。

大人になって「妄想の中で完結していた自分の世界観」が『逃走中』などの企画として現実のものとなりました。私がコンセプトデザイナーを務めた夏休みイベント『お台場夢大陸』では、逃走中の世界観を模した企画をしました。私がその様子を影からこっそり見ていると、「あれ、高瀬じゃね？」と言ったかどうかは分かりませんが、声をかけてくださった方々が現れました。全部で20名近くいたでしょうか。彼らは『逃走中』のみならず、ほかの私の「中二病全開番組」をすべて知っていて、作中のキャラクターに扮したコスプレをしていた方もたくさんいました。これらの番組好きが「全国から集まってこのイベントをオフ会の場にした」とのことで、「高瀬番組友達ができました！」と言ってくださる方もいました。こんなに企画者冥利に尽きる出来事はなかなかありません。私の脳内妄想が人を繋げた喜びを強く温かく感じた瞬間でした。

「じゃあ、もし自分の脳内を大放出して現実にしたらどうなるんだろう」と考えて思い浮かんだのがディズニーランドです。ディズニーランドは、ウォルト・ディズニーのこだわりと世界観ですべてが形づくられたテーマパークだといえます。私もいつかディズニーランドのように、自分の世界観を全解放して、細部までこだわりを詰め込んだテーマパークをつくりたい。そう思って「タカセーランド（仮）」をつくることに決めました。

「トランプに代わる新しいカードをつくる」という夢は、『ヌメロン』に続いて『カルコロン』[※01]というゲームをつくりはじめた2012年に意識し始めました。

生活者の立場に立つと、「新しいゲームをやりたい」という度に、毎回ゲームア

[※01] カルコロン

四則演算によって〝役〟をつくる計算カードゲーム。タイトルはラテン語の「Calcolo（計算）」から取られた造語。ゲームバラエティ番組としてフジテレビで不定期に放送された

イテムを買わなければいけないのは、ものすごく面倒なことだと感じ始めました。その点、トランプは偉大です。部活の合宿のお供としても、世界中のカジノのゲームとしても、手品の道具としても幅広く使われています。トランプは「ゲームの開発や娯楽の企画を簡便に行えるようにした魔法のような道具」で、言わば「ゲームを民主化」したツールだと思っています。

トランプの起源は諸説ありますが、東洋で生まれてヨーロッパに渡り発展していったと言われています。トランプの企画者は明らかになっていませんが、もし次に誕生する新しいトランプには「©高瀬」をつけたいと思っています。部活の合宿で「トランプとタカセーカード、どっちやる？」という会話が生まれたり「古く寂れた温泉宿の片隅にカードが置いてある」そんな映像を思い浮かべています。トランプは赤黒で2種・スート（マーク）で4種・数字で13種という3要素の組み合わせと、四角形でできたカードです。私はこれを4要素の六角形でつくろうと考えています。「タカセーランド（仮）」「タカセーカード（仮）」の仮タイトルはさすがにそのままにはしませんが、これらの企画に巻き込まれてくださる奇特な方、募集中です。

本書を執筆する前、本当は『メディアのつくり方』という本を書かないかと依頼されていました。そういう本を出そうと「決めた」ことで、出版社との打ち合わせが始まりました。ところが、打ち合わせを重ねるうちに、話題はメディアから企画へ膨らんでいきました。「これは『企画』というテーマの方が多くの人の役に立ちそうだ」と構想が膨らみ、「よし『企画』というタイトルの本を書こう」と決めたのです。こうして「『企画』という本を出すという企画」が実現しました。

私の『企画』という企画に巻き込まれてくださった小早川幸一郎社長、編集の高橋孝介さん、小山文月さんに心から感謝いたします。予想だにしないトラブルが何度もありましたよね。本当に、企画の進行にトラブルはつきものです（笑）。でも「トラブった企画は当たります」からきっと大丈夫です。

前著『人がうごく コンテンツのつくり方』を出すことを「決めた」ことによって素敵な出会いがたくさんありました。今している仕事の多くも同書の出版によって生まれました。また、私はそのことによって生涯の伴侶にも出会いました。

本書の出版によってまた素敵な方々との出会いがきっとあると思います。

人はいつ死ぬか分からないですよね。112歳まで生きると「決めて」いますが、どうなるか分からないのが人生です。だからこそ「決めて生きた」方がいいと思っています。

私は後悔したくありません。くよくよズルズルと引きずるタイプなので、特に「後悔しないよう生きたい」と思っています。何に後悔するかと言えば、それは「やらなかったこと」です。「やらなかったこと」の可能性は無限大だからです。「やったこと」の結果はひとつですから、やったことには反省をしても後悔はしません。「決める」とすべては自分の意志で「やったこと」になります。だから「決めて生きた」方がよいのです。

幸せな人生にするには、まず「幸せな人生にする」と決めることからです。

そうしないと、幸せな人生に必要なことが曖昧になります。

「この本を読む」と「決めて」くれた方が、また何かを決めて信用を積み上げ、幸福な人生を歩めることを心から願います。

決めた結果に起きたことは、すべてあなたの企画です。

自分の人生をどう企画しますか。

企画者のプライドを持ってください。「これは私の企画」だと自信を持って言えること、それが「あなただけの人生」なのだと、私は思います。

ここまで読んでいただいた方ならお分かりかもしれませんが、この本は「企画」を「人生」と読み替えられます。本書のサブタイトルは「いい企画なんて存在しない」です。「いい人生」なんて存在しないですよね。「自分の人生」があるだけです。長々書かせていただきましたが、この1ページだけ覚えておいていただければ大丈夫です。

そして「企画」という本を出すという企画によって「たくさんの人が自分の人生を送る」という企画が今、進行中です。

※本文のたとえ話に登場する個人名、組織名、店名、商品名および設定は架空のものです。

本書へのご意見・ご感想は
こちらまでお願いいたします。

株式会社ジェネレートワン

E-mail：info@generate-one.com

【著者略歴】

高瀬敦也（たかせ・あつや）

コンテンツプロデューサー
原作企画者
株式会社ジェネレートワン代表取締役CEO

フジテレビ在職中「逃走中」「ヌメロン」「有吉の夏休み」などを企画。ゲーム化もプロデュースした「逃走中」は累計100万本を達成。「ヌメロンアプリ」は350万ダウンロードを記録。アニメブランド「ノイタミナ」を立ち上げ、「ノイタミナ」を命名。

独立後は多分野でヒットコンテンツを企画。とにかく創って世に出しまくることを信条とし、動画プロデュースするYouTubeチャンネル「お金のまなびば!」は開設半年で登録者数10万人。マンガ・絵本原作脚本、オリジナル家具ブランドnotosの運営のほか、ボディチューニングブランド「DEMENSIONING」やソフトウェアプロダクション「POST URBAN」など共同創業。また、多業種で、新事業・商品企画、広告戦略など幅広くコンサルティングを行っており、Twitterでの「伯方の塩二代目声優オーディション」で広告効果10億円とも言われたバズを生み出したほか、自身プロデュースの日本酒「駢飛龍」のキャンペーンは1日で10万リツイート。現在15社以上で顧問・アドバイザーを務める。「メンバー全員がコンテンツを創って世に出しまくる」ことを応援するオンラインサロン「コンテンツファクトリー2030」主宰。著書『人がうごく コンテンツのつくり方』（クロスメディア・パブリッシング）はベストセラー。

企《き》画《かく》

2021年 8月 1日 初版発行

発行 株式会社クロスメディア・パブリッシング
発行者 小早川 幸一郎
〒151-0051 東京都渋谷区千駄ヶ谷 4-20-3 東栄神宮外苑ビル
https://www.cm-publishing.co.jp
■本の内容に関するお問い合わせ先 …………………… TEL (03)5413-3140 ／ FAX (03)5413-3141

発売 株式会社インプレス
〒101-0051 東京都千代田区神田神保町一丁目105番地
■乱丁本・落丁本などのお問い合わせ先 ……………… TEL (03)6837-5016 ／ FAX (03)6837-5023
service@impress.co.jp
(受付時間 10:00～12:00、13:00～17:00 土日・祝日を除く)
※古書店で購入されたものについてはお取り替えできません

■書店／販売店のご注文窓口
株式会社インプレス 受注センター ……………………… TEL (048)449-8040 ／ FAX (048)449-8041
株式会社インプレス 出版営業部………………………………………………………… TEL (03)6837-4635

ブックデザイン 金澤浩二
DTP 内山瑠希乃

©Atsuya Takase 2021 Printed in Japan

印刷 株式会社文昇堂／中央精版印刷株式会社
製本 誠製本株式会社
ISBN 978-4-295-40549-8 C2034

数々のヒットを生み出したコンテンツプロデューサーの
世界一簡単なコンテンツのつくり方

「人がうごく コンテンツのつくり方」

高瀬敦也（著）／定価：1,518円（税込）／クロスメディア・パブリッシング

世の中のものはすべて「コンテンツ」です。だから、難しく考える必要はありません。Webにある記事も、今日飲んだミネラルウォーターも、今着ている服も、みんな「コンテンツ」です。正確には、「コンテンツになる可能性を秘めて」います。あらゆるモノ、商品やサービスはコンテンツになる可能性があるので、新しいモノを生み出す必要はありません。コンテンツにしていく、つまり「コンテンツ化」していくだけで大丈夫です。本書は、あらゆるものを「コンテンツ化」するためのノウハウをまとめた1冊です。